How to be an excellent
college student

怎样做一名优秀的大学生

王义遒 / 著

北京大学出版社
PEKING UNIVERSITY PRESS

图书在版编目(CIP)数据

怎样做一名优秀的大学生 / 王义遒著 . — 北京：北京大学出版社，2020.6

ISBN 978-7-301-30262-0

Ⅰ.①怎… Ⅱ.①王… Ⅲ.①大学生-入学教育-高等学校-教材 Ⅳ.①G645.5

中国版本图书馆CIP数据核字（2020）第086957号

书　　　名	怎样做一名优秀的大学生 ZENYANG ZUO YIMING YOUXIU DE DAXUESHENG
著作责任者	王义遒 著
责 任 编 辑	于　娜
标 准 书 号	ISBN 978-7-301-30262-0
出 版 发 行	北京大学出版社
地　　　址	北京市海淀区成府路205号　100871
网　　　址	http://www.pup.cn　　新浪微博：@北京大学出版社
微信公众号	科学与艺术之声（微信号：sartspku）
电 子 信 箱	zyl@pup.pku.edu.cn
电　　　话	邮购部 010-62752015　发行部 010-62750672 编辑部 010-62767857
印 　刷 　者	三河市博文印刷有限公司
经 　销 　者	新华书店
	880毫米×1230毫米　A5　6.375印张　100千字 2020年6月第1版　2022年10月第2次印刷
定　　　价	39.00元

未经许可，不得以任何方式复制或抄袭本书之部分或全部内容。
版权所有，侵权必究
举报电话：010-62752024　电子信箱：fd@pup.pku.edu.cn
图书如有印装质量问题，请与出版部联系，电话：010-62756370

前　言

我的文章《论自爱》在2015年刊发后，特别是2016年收入由高等教育出版社出版的我的文集《中国高等教育：多样化与教育教学质量（下）》之后，有一些高等学校领导人建议我将它出单行本发行，以给大学新生进行入学教育。确实，北京大学医学部就曾给2015级新生发了它自印的单行本使用了。于是，我就有了这样的意向。但觉得一篇文章印成单行本过于单薄，而原来的文章由于受字数限制，我的思想并没有得到充分发挥，出单行本就索性充实一些。这样，我就将原文拓展，又增加了近2/5的字数，总算更为完整地表述了我的想法。

后来又想到，我曾写过一篇题为《进入21世纪的中国高等教育追求什么样的教育质量》的文章，当年曾被多家刊物和高校转载，其内容主要是讲大学生上学首先应该培养"两种态度，两种能力"，就是要学会"自己学"和"怎样学"。这两篇文章可以互相补充，更完整地表述对大学生的学习要求。由于此文写作距今已有二十多年，故又结合新时代做了适当增删修补，改题名为《论求学》，也收入此集，以作补充。这样，1904年京师大学堂（北京大学前身）首位总监督张亨嘉的八字训词"为国求学，努力自爱"的两个核心词，我都加以发挥论述了。

另外，2015年北京大学出版社出版了一本获得2012年哈佛大学"教育与社会"好书奖的、曾任美国哥伦比亚大学教务长与分管学术副校长的肯·贝恩（Ken Bain）教授的著作《如何成为卓越的大学生》的中文版。该书由时任北京大学校长林建华和第三军医大学校长罗长坤撰写序言。当年贝恩本人还应邀在复旦大学和西南交通大学等地给中国学生做过几次讲座，颇受学生欢迎。我曾为该书写了详细的评介，其缩简版曾刊于2015年1月9日《中国教育报》。这里将原版奉献给读者，读者可于对比中看到我们对于如何成就一位优秀大学生在观点上的大同小异和各有发挥。

· 前 言 ·

  这样，本书收录了三篇文章，书名定为《怎样做一名优秀的大学生》，比较平实一些，适合于不同类型学校的更多大学生使用。

  本书出版得到北京大学出版社领导与同仁的积极支持，我向他们表示由衷的感谢。

王义遒

2019年8月6日

目 录

论自爱

一、一则故事和两条揭示.. 6

二、从国家功利到教育目标.. 24

三、自珍、自重、自愿... 32

四、自主、自助、自为... 56

五、自律、自省、自立... 75

六、自知、自信、自强... 90

七、自由、自我解放... 105

八、结束语：自爱与博爱... 119

论求学

一、影响世界范围高等教育变化的若干因素................. 131

二、发展两种态度，两种能力..................141

三、学会选择..................153

四、培养发现问题和提出问题的能力..................160

大学生能人人成才，追求卓越
—— 读《如何成为卓越的大学生》

一、有若遇故知..................171

二、"卓越"不等于"名气"..................174

三、大学教育是自我教育..................178

四、启动快乐学习的开关..................181

五、调适与管控自己的思维..................184

六、选择是成败的决定因素..................188

论自爱

离开中学,进入大学,对于一个人来说,是进入了一个崭新的生命周期。这个周期的特点是什么呢?是有了"自己"。这话怎么说?难道我一出生没有"自己"?我要吃,我要喝,我要爱抚,我早就有了"自己"!可是,妈不给吸奶,不给喂食,爸不抱你,你只能啼哭。哭着、哭着就睡着了,没有了"自己"!稍长大一些,我要读书。其实不是你要读书,你看到别的孩子读书了,"我也要读书",似乎读书很好玩。其实,社会和父母都必须让你读书,因为不让你读书违反《中华人民共和国义务教育法》,是违法的。随后是上中学。读什么?你没有多少选择余地。之后考大学,我相信大多数人还是"随大流",并没有独立的你"自己"!

你考大学填报志愿是完全自觉的吗?你了解你所报考的大学和专业吗?我相信多数人是懵懵懂懂,糊里糊涂,多少有点跟风走的。真正明了的是少数。因为这种"明了"需要"知己知彼","己"就是"自己","彼"是大学和专业。了解大学和专业还不难，读一些介绍材料大体还能有点"意识"。但了解自己很难。中国物理学的奠基人之一，20世纪20年代开办了清华大学物理系，并在十多年后就将清华物理系办成了国内一流的叶企孙教授，在不到17岁时就有一个发现："夫一人有一人最长之能力。惟此种能力，不易发见。欲他人发见之尚易，欲自己发见之更难。古人云，知己较知人更难，即此意也。"①靠叶企孙先生等的"知人"，后来杨振宁、李政道、钱学森、钱伟长、华罗庚等人被领上了成才的正道，但是他还说"知己"是最难的。不了解自己，可以说就是难以有"自己"。孔子说"古之学者为己"②，意思是说，古时候的学者学了一辈子才能完善自己和认识自己。所以，到了大学我们才开始认识自己，真正有了自己的开始。蔡元培先生当北大校长的时候，曾经聘请过一位中学毕业自学成才的哲学家梁漱溟到北大来讲印度哲学。他后来成为我国著名

---

① 叶铭汉，戴念祖，李艳平. 叶企孙文存[M]. 增订本. 北京：科学出版社，2018：292.

② 论语·宪问

的思想家和国学大师,他曾说过"人生的意义在创造",而创造有两个方面:一是"成物",一是"成己"。[①]"成己"就是"成全自己"。所以成为自己很不简单,是一辈子的事。

《中华人民共和国宪法》规定,年满十八周岁的公民有选举权和被选举权。这就意味着,人到了十八岁才有参与社会政治的权利,才是独立的公民,也可说是刚刚有了一点"自己"。这个年龄大体上就是中学毕业、进入大学的年龄。当然有的人会年轻两三岁,甚至还不止。

这说明什么问题呢?说明大学"上学",和上小学、中学大不一样。你在中学是一名好学生,是学霸,你要是还用这一套来上大学就吃不开了,甚至会彻底失败!

那么应该怎样上大学呢?请看一个故事和一些道理。

---

① 梁漱溟.出世入世:梁漱溟随笔[M].北京:北京大学出版社,2011:15,78.

一、一则故事和两条揭示

陈平原和夏晓红教授所编《北大旧事》收录的第一篇文章,是京师大学堂第一届正式毕业生邹树文(1902年12月入学)的《北京大学最早期的回忆》①(原刊于1948年12月出版的《北京大学50周年纪念特刊》)。文中说:"我还记得第一任总监督张亨嘉就职的时候,监督与学生均朝衣朝冠,先向至圣先师孔子的神位行三跪九叩首礼,然后学生向总监督作三个大揖,行谒见礼。礼毕,张监督说:'诸生听训:诸生为国求学,努力自爱。'于是乎全部仪式完了。这总共十四个字,可说是一篇最短的演说。读者诸君,还听说过再短于他的校长演说没有?"尽管张亨嘉这段就职仪式和训词的记载没有在北大档案中找到,但是据邹树文说,他的话是"从记忆中极忠实写出的",我

---

① 邹树文. 北京大学最早期的回忆 [M] // 陈平原,夏晓红. 北大旧事. 北京:生活·读书·新知三联书店,1998:3.

们似乎可以采信。我们还可从同书第三篇王道元所写的《京师大学堂师范馆》①一文中找到印证。该文写于1962年，刊于1984年的《文化史料》第4期，也描述了这个仪式和同样十四字的训词，并且说仪式后学生们引以为笑柄，用嘲讽的口吻说："孔门弟子不是说'有一言而可以终身行之'的话吗？张老夫子正是言短心长。我们诸生之流，正当书为座右铭啊！"可见这十四字训词在当时学生中是广为传诵的。

京师大学堂——北京大学的前身，是我国由中央政府设立的第一所综合性大学。1898年在其成立的时候还兼任国家教育行政机构的职责，校长称为"管学大臣"。可是好景不长，大学堂成立不到两年，就因义和团闹事和八国联军入侵而停办。1902年朝廷决定恢复京师大学堂，1904年又另设"学务大臣"管理全国教育，京师大学堂就成为单纯的高等教育机构了，校长名为"总监督"。首任总监督张亨嘉在1904年初就职典礼上发表了大概真是全世界大学校长中最简短的、全文只有十四个字的就职演说，

---

① 王道元. 京师大学堂师范馆［M］//陈平原，夏晓红. 北大旧事. 北京：生活·读书·新知三联书店，1998：15.

实质上只八个字——"为国求学，努力自爱"。我认为它简直可以成为北京大学的校训①，因为确实是校长的训词啊。

这八个字体现了学生上学的目的和主要任务——求学，以及完成任务的态度——努力；它还揭示了两种重要区别：中西大学办学主旨的根本区别和大学与中小学学习的原则区别。

可以说，这是一份非常有分量的训词。为什么这样说呢？

大学的起始

如果将大学作为"高等教育机构"，那么无论在中国还是西方，都已有几千年的历史了。我国周天子就设有称为"成钧"或"辟雍"的高等教育机构，诸侯则有"泮宫"②，春秋战国时期还有一种在笔者看来带点研究院性质的高等教育机构——稷下学宫，是诸子百家收徒争鸣的

---

① 王义遒. 对北京大学"校训"的一个提议[J]. 北京教育：高教版，2014（Z1）：44.

② 郭秉文. 中国教育制度沿革史[M]. 北京：商务印书馆，2014：23.

讲坛。汉以后朝廷办起了名为"太学"或"国子监"的高等教育机构,唐朝之后民间开始盛行各种"书院",延师讲学,探讨研究学问。①

西方古埃及、希腊在公元前也有过具有高等教育性质的机构。不过大家公认,1088年创立于意大利的博洛尼亚大学是西方第一所具有近代意义的大学。② 笔者有幸于1988年9月和当时的丁石孙校长代表北京大学出席了该校成立900周年的为期五天的盛大庆祝活动。该庆典不仅有政府首脑、世界各著名大学校长、诺贝尔奖获得者等参与,还举办了校长论坛,签署了《欧洲大学宪章》。该《宪章》指出,大学是文化、知识和科学研究的中心;其"基本原则"第一条明确规定"大学应独立于一切政治、经济和意识形态权力之外"。这所大学尽管后来建造了许多现代化大楼,但900年前的古建筑至今仍在使用,文脉延续,连绵不断。这所大学是一批世俗学者根据"大家都

---

① 曲士培.中国大学教育发展史[M].太原:山西教育出版社,1993:18,81,121.

② 实际上,博洛尼亚大学是否建立于1088年还有争议,缺乏可靠的历史资料.参见:〔比〕里德-西蒙斯.欧洲大学史(第一卷):中世纪大学[M].张斌贤,等译.保定:河北大学出版社,2008:5.

来学"的理想原则自动聚集起来组成的学术共同体,不分教师学生,能者为师,或由学生向社会聘请在某一领域有真才实学的人来任教,一道学习,研究学问,探讨真理。当时的研究内容主要是文法、逻辑、修辞、法律和医学,后来逐渐扩充到文理各学科。到12世纪巴黎大学成立,才开始以教师为主招收学生,大学才变成像现在这样的模式。中世纪欧洲大学曾遭受教权或王权的严重干预和控制。

工业革命以后,知识对社会经济发展的重要性渐渐为人们所认识,大学的社会地位逐步提高。但当时自由主义大学的教育风格始终强调要使学生掌握系统知识,通过知识而修身。曾任都柏林大学校长的英国教育家纽曼(John H. Newman)说过:"教育就是为获得知识做准备","知识本身即为目的"[①]。19世纪德国将洪堡的教育思想引入大学,科学研究、创新知识成为大学的重要任务,强调研究和教学的统一,修养也作为核心内容被独立地提了出来,洪堡认为唯有通过科学探求的活动才能达到"修养"的目

---

① 〔英〕约翰·亨利·纽曼. 大学的理想[M]. 节本. 徐辉,顾建新,何曙荣,译. 杭州:浙江教育出版社,2001:1.

的。①不过这里所说的知识和科学都不包括专业性和实用性很强的"技艺"。近代大学理念传到美国之后，开始也是只把大学看成学生发展知识、提升修养之所。但后来发现大学对社会经济发展有显著作用，各州政府希望发展一些与工农业有关的教育机构，来促进本地的经济发展。在实用主义哲学思想指导下，1862年国会通过了《莫雷尔法案》，用政府"赠地"的办法建立工农学院，出现了所谓"赠地大学"。之后，又出现了"威斯康星理念"，将大学与国家和民族的功利目标紧密联系起来，并形成了大学具有"教学、科研和直接服务社会三重功能"的现代大学理念。②西方人，特别是欧洲人喜欢用知识来定义这三种功能，于是就说这三种功能就是对应于知识的传授、创新（或扩增）和应用。

---

① 陈洪捷. 德国古典大学观及其对中国大学的影响［M］. 北京：北京大学出版社，2002：66.
② ［美］伯顿·克拉克. 高等教育新论——多学科的研究［M］. 王承绪，等译. 杭州：浙江教育出版社，2001：38.

中国现代大学的起始

可是中国则不同。中国的大学不是在原来朝廷的太学与国子监（古时对最高学府与国家教育行政机构的命名）或民间"书院"基础上自然发展或衍生出来的，而是十足的"舶来品"。

1840年鸦片战争以后中国遭受列强侵略压迫，面临割地赔款被瓜分的危险。一批忧国忧民的知识分子，开始觉醒。像林则徐、龚自珍、魏源等人，痛感科学技术落后，没有坚船利炮，不能挽救国家堕亡，提出了维新思潮，并启蒙了后来的"洋务运动"和"维新运动"。当时洋务派和维新派谋划出了"师夷长技以制夷"的方略，要求变法维新，废科举，办新学。建立大学就是用来学习西方科学技术，以期达到兴办实业、坚甲利兵、救亡图存的重要举措。1861年在恭亲王奕䜣给咸丰皇帝的奏折中提出了建立"京师同文馆"的提议，以培养与各国使领馆打交道的译员，并翻译各国外交文书与科技等"西学"著作。1862年6月，京师同文馆正式开办，这可说是中国近代高等教育机构的嚆矢。

之后，以清朝贵族奕䜣和汉族大臣曾国藩、左宗棠、李鸿章和后来的张之洞等人为代表的"洋务派"在各地纷纷办起了外国语、技术和军事学校。例如，上海广方言馆（1863，李鸿章），福建船政学堂（1866，左宗棠），天津水师学堂（1881，李鸿章），等等。但是，这些学校只能说是高等甚至中等专门学校，跟"大学"还有距离，只为其准备了条件。

1894年中日甲午战争中国惨败，给了中国知识分子以更大刺激。他们认识到光靠"师夷长技"学点西方科学技术还不能救亡图存。1895年春，康有为、梁启超等人策划在京赶考的举人向光绪皇帝发动"公车上书"，要求拒签《马关条约》，变法图新，就富国、养民和教民三方面提出了系统具体的政治主张，洋洋万余言。[①]"公车上书"虽未被光绪皇帝见到，但在全国影响广泛。受其影响，天津洋务派代表盛宣怀于当年9月通过直隶总督兼北洋大臣王文韶向光绪皇帝奏请设立"中西学堂"，光绪批示"该衙门知道"，就算获准成立，第二年改名为"北洋

---

① 以上均见：郝平. 北京大学创办史实考源[M]. 北京：北京大学出版社，1998：前五章.

大学堂"。同年盛宣怀又在上海开办了一所"南洋公学",而王文韶则又奏请光绪皇帝设立"铁路官学堂",也是经过皇帝的"该衙门知道"批示而正式创建了"山海关北洋铁路官学堂"。这两所学校于1921年合并成立"交通大学",它们的前身均建立于1896年。所以北洋大学堂和交通大学先后差一年,就算是中国最早的大学了。

在此前后,一些外国教会也在中国设立了有现代大学性质的教会大学,其中有之江大学、圣约翰大学、齐鲁大学、东吴大学、金陵大学、燕京大学等。

1898年又是一个会试之年,康有为发动了第二次"公车上书",希望清帝仿效日本明治维新的做法,学习俄国彼得大帝的气魄,决心维新变法,并提出了四条变法改革的措施。其中就包含中央政府举办"京师大学堂"一事。这次"上书"经过光绪帝的老师翁同龢等人的努力,总算上达朝廷,光绪坚定了变革决心,慈禧太后也勉强同意。1898年6月11日,光绪亲临天安门,主持宣读《明定国是诏书》,宣布戊戌变法正式开始。《诏书》共三段,其中就有一段是讲创办京师大学堂的。此后,光绪帝曾下"上谕"200多条,从政治、经济、教育等各方面全面推动维新改革。这遭到慈禧太后等顽固派强烈反对,该年9月21日慈禧太后再次临朝训政,将光绪囚禁于瀛台,28日杀谭嗣同等六位维新志士于菜市口,"百日维新"于此结束!①

在康有为、梁启超等人的戊戌变法失败后,京师大学堂是唯一被慈禧太后保留下来的成果,其于1898年9月26日发布了"著停止变法京师大学堂仍行开办"的"谕旨"②。按照1898年7月3日光绪皇帝批准的、由梁启超起草的第一个大学堂章程——《奏拟京师大学堂章程》规定,它是全国最高学府,还统管全国各类大中小学校。它的负责人叫"管学大臣"(前面说过,1904年它才成为单纯高等教育机构,负责人称为"总监督")。同一天,皇帝就任命了孙家鼐为首任管学大臣。这个章程规定的大学堂学科齐全,学生必修十门"通识课"("溥通学")加一种外语,还要选修十种专门学之一二:算学(数学)、格

---

① 参见:郝平.北京大学创办史实考源[M].北京:北京大学出版社,1998:第六章.

② 北京大学,中国第一历史档案馆.京师大学堂档案选编[M].北京:北京大学出版社,2001:66.

致(物理与化学)、政治学(含法律)、地理学(含测绘)、农学、矿学、工程学、商学、兵学、卫生学(含医学)。[①] 可以说,当下大学还少有学科门类如此齐全的。这样,由中国中央政府正式举办的第一个综合性大学总算保留下来了。以后各省的大学大体就是按照这样的模式来办的。

中外大学办学宗旨的根本不同——"为国"

不过朝廷对此还很不放心。1902年修改后颁布的《钦定京师大学堂章程》开宗明义第一章第一节就规定办学宗旨是"所以激发忠爱,开通智慧,振兴实业",还要遵"谕旨:端正趋向,造就通才"。这就是要求遵循"中学为体,西学为用"原则,以"伦常道德为先"[②]的忠于朝廷的指导思想来举办高等教育。这样,中国办大学从一开始就强烈反映了忠于朝廷、拯救国家民族于危亡的功利目标。这就与欧洲大学"求知"和"修身"的办学宗旨大相径庭。

[①] 北京大学,中国第一历史档案馆.京师大学堂档案选编[M].北京:北京大学出版社,2001:26.

[②] 北京大学,中国第一历史档案馆.京师大学堂档案选编[M].北京:北京大学出版社,2001:148.

带着这样的办学宗旨，首任总监督就自然会要求学生将"为国求学"作为首要任务了。这也符合当时中国国情：如果国将不国，民族濒临毁灭，哪里还会有学生的发展与前途？当然，以那时京师大学堂总监督的身份，张亨嘉所谓的"国"，只能是清王朝。但是我们完全可以将它拓宽开来，把这个"为国"理解为力求强国富民，挽救中华民族的危亡。

"为国"也确实反映了中国知识分子的传统血脉。中华民族几千年历史，真是多灾多难，屡遭外敌入侵，生灵涂炭。因此中国优秀知识分子总以担当国家民族的命运为己任，所谓"国家兴亡，匹夫有责"，"先天下之忧而忧，后天下之乐而乐"，"为天地立心，为生民立命，为往圣继绝学，为万世开太平"。中国儒家"八目"就是"格物、致知、诚意、正心、修身、齐家、治国、平天下"。其中前五目说的主要就是"求学"的内容，要求通过学习与修养使自己得以成长、完善、提升和发展，先通过奠定自身的基础和磨炼处世的本事，来达到将来"为国"，治理社会、国家乃至世界的目的。这是中国教育从"小我"开始以期成就

"大我"思想的体现。这"为国"二字也确实要比一般笼统的"爱国"提法更具有积极的行动和实践意义。

为国家民族或社会而学的功利目标，使中国大学与国家民族的命运息息相通，紧密地捆绑在一起。大学在国家民族的生存与发展中承载着重大历史使命，发挥着独特的重要作用。这是中国大学在世界各国大学中的突出优势和特色。无怪乎美国哲学家和教育家杜威（John Dewey）曾这样评价和赞赏蔡元培及其领导下的北京大学："拿世界各国的大学校长来比较一下，牛津、剑桥、巴黎、柏林、哈佛、哥伦比亚等等，这些校长中，在某些学科上有卓越贡献的，固不乏其人，但是，以一个校长身份，而能领导那一所大学对一个民族、一个时代起到转折作用的，除蔡元培而外，恐怕找不出第二个。"[1]这当然既是对蔡元培的赞扬，也是对北京大学的称誉。但是，大学由于对政府的这种过度依赖，因而在政治和意识形态乃至学术上都缺乏独立性，也造成后来中国大学在成长和发展中的诸多问题，至今仍在困扰并影响着中国大学的前进。

---

[1] 高平叔. 蔡元培改革北京大学[J]. 群言，1987（2）.

中小学学习是"被教育"的

至于说到"努力自爱"体现了大学与中小学学习的原则区别,可以做如下的阐释。按照哲学家康德(Immanuel Kant)的说法"教育使人成为人"[①],或按教育家夸美纽斯(J. A. Comenius)的说法"只有受过恰当教育之后,人才能成为一个人"[②]。这里前面一个"人"是指自然人,可以说与禽兽等一般动物无异,而后一个"人"是社会人,才是真正的人。他们能够参与社会生活,享受国民和公民的权利,并践行自己应尽的义务。中小学生绝大多数都是未成年人,在婴儿和孩童期间是没有知识和能力理解怎样成人的,所以对他们的教育,是父母和社会给予的,他们是"被"教育的,甚至是"强制"地受教育的。现代各国政府都制定了义务教育法,要求家庭和社会对少年儿童实施基础教育,只是受社会经济条件的限制,教育的年限、方式和标准各有不同而已。儿童一般尚未掌握"选择"的知

---

① 原话为"人只有通过教育才能成为人"。参见:〔德〕康德. 论教育[M]//康德文集. 刘克苏,等译. 北京:改革出版社,1997.

② 〔捷克〕夸美纽斯. 大教学论[M]. 傅任敢,译. 北京:人民教育出版社,1984,39.

识和能力，不知道要"学什么"和"怎样学"，所以对他们实施的教育的内容和方式，他们没有或只有十分有限的选择权利和条件。正因为这样，"应试教育"才能大行其道。

如上面所说，孩童是未成年人，就是没有"自己"。虽然有"我"，却不能独立自主。所以，他们看来是人，却不是真正的人。他们"被爱护""被教育"，人们希望他们成长起来成为大人所希望的那种人。而这种人应该是什么样的，他们没有发言权，也没有选择权。当然，人是活的生命，我们对未成年人的教育，不能像处理一团泥土或一块木头那样，将他捏塑或雕刻成啥样就是啥样。给他们的不仅要有身体的成长，还要有心灵的滋养，使他们未来能健康地生活，为社会做出与其禀赋相称的特有贡献，感受到幸福和美满。就是说，让他逐步形成"自己"！

不过依我看来，就实际情况而言，多数孩童的"教育者"无非是用他们"自己"的模式去复制出一个新的自己，或模仿人家可以出人头地、光宗耀祖的方式去打造孩童，以为这才是延续人类生命，并使社会不断进步的康庄大道，实际上却可能反倒是贻误了一条新生命！

所以，在学生进入大学的时候，多数人虽已能初步领会，却还不能真正体悟：什么是"自己"？自己应该怎么样？

大学生有了自己，要更充实自己

可是，大学对大学生的要求就跟中小学对中小学生的要求不一样了，一般都假设他们初步有了"自己"。

因为大学生一般都是18岁以上的成年人了（少数可能例外）。他们应该已经初晓"教育"是什么，已经具有对自己和社会的一般认识，具备对自己行为承担个人责任和社会责任的知识和能力了。国家和社会没有义务，也没有充分必要的条件来保证所有国民都上大学接受高等教育。这样，谁能上大学，上什么大学，进什么专业，接受什么样的高等教育，能不能实现教育目标，基本上都取决于受教育者个人。因此，对大学生提出"自爱"要求是非常合理的。从根本上说，"自爱"就是自己的成长发展完全由自己负责。这也意味着，学生接受高等教育是自觉自愿的，是自己的一种权利选择。

不过,这"假设"终究不过是假设,并不完全符合实际状况,因为多数新大学生只拥有一点点"自己"。但大学不能不以这样的"假设"作为自身运行的原则出发点。而另一方面,大学也不能不照顾各种实际情况,使这种不成熟的"自己"提升充实成为真正的"自己"。大学的工作总是在这种矛盾的折冲之中。

"自爱"的要求改变了学校与学生之间、教与学之间的关系。学校并不强制学生学习,学校只是提供条件,尽可能保证学生学习、提升、完善和发展的需要。这些条件包括各种不同学科、多样化的专业课程体系,相应的师资和辅助人员,教学设施,图书信息资料,实验仪器设备,体育运动场所,文艺娱乐活动和食宿生活设施,以及相应的管理体制机制等保障措施。学生一般还是支付了一定费用的,所以他们完全有权利最大限度地享用这些条件,并且有权利向学校提出不满、批评和要求改善的意见。这样,学校和学生之间的关系就变成提供服务和享用服务之间的关系了。在这种情况下,学生学得好不好,能否实现个人的发展目标就全看学生自己了。对于天然禀赋不同,兴趣、爱好、性格、资质、才能和经历各异的学生,学校应当尽可能提供丰富多彩的、让学生的个性能充分发展的机会、条件和平台。而学生能否自主选择、积极主动地充分享用学校所提供的各种机会、条件和平台，则完全要看学生是否好自为之了。原则上，大学并无义务一定要保证已是成年人的学生都能充分地完善成才，尽管大学的举办者和管理者应当力图实现人人成才的教育目标。

这样，"自爱"就是大学对学生的恳切而完备的恰当要求，就是将行使学习、提升、完善、发展自己的权利和机会还给了学生自己，由学生自己来决定自己的前途和命运，因为学生已经具备了责任人的资格。

所以在大学，学校是将成长的权利与责任还给了学生自己，而学生将自己在一种复杂的现实折冲中锤炼与实现自己！

二、从国家功利到教育目标

"为国"与"育人"是否矛盾?

1904年,张亨嘉作为一位忠贞的清政府官员,从朝廷举办京师大学堂的主旨出发,向学生提出"为国求学"的要求是完全合理和得体的。甚至可以说,他只简练地说出"为国"二字而不加一句话的解释还是经过深思熟虑的。从字面上来说,大学堂章程规定的办学主旨里"激发忠爱"四字明显带有为朝廷效劳的意向。而"为国"的"国"却可以解释为"华夏"中国。那时候,清朝政府腐败无能、丧权辱国,在甲午战争惨败后已然尽失人心。1900年义和团运动,当时主管京师大学堂的管学大臣许景澄和太常寺卿袁昶竟因在御前会议上反对义和团滥杀外国使节和焚烧使馆而惨遭慈禧太后杀害。当时张亨嘉也在场,他持有相同的反对意见,只因为他的福建口音未被人听清楚而幸免于难。①对于这种封建专制迷信的"国",反对其统治者,甚至起来革命造反也应该属于"为国"之列。所以这"为国"是很识大体、值得精心推敲的。

然而,"为国"毕竟只是一种起着工具作用的"致用"而已,尽管这是一种具有恢宏大义的"大用"。如果张亨嘉仅止于此,他最多不过是一个忠诚有为、明智且颇有心计的朝廷命官,却很难说是一个善于办学的教育家。教育毕竟不是制造工具的"制器"事业,而是要育人的。"育人"最重要的是要体现"以人为本",追求人的发展。当然,"育人"和"制器"并非绝对矛盾,两者是相辅相成的。其实,社会人本身就具有双重性。一方面,人作为主体,具有独立人格,他有独特的天赋才能,也有七情六欲、喜怒哀乐,有利益诉求,体现"人性"和个性;另一方面,人都处于社会之中,要与自然、他人和社会共处,受抚育培养,也要报效他人,因而具有为社会服务的"致用"的工具性。这是自然和社会对每个人生存和发展的赐

---

① 张戬. 京师大学堂首任总监督张亨嘉文集[M]. 北京:北京大学出版社,2003:6.

予和人对自然和社会的回报之间，人的权利和义务之间的一种平衡和对等关系，体现了公平和正义的原则。人是社会的基本单位，一般说来，社会若能保证人尽其才，个人发展得越好，他的天赋才能施展和发挥得越充分、越完备，社会得益也就越多。所以，人只有在社会服务中才能彰显其人性和个性，才能实现人的社会性和对他人、社会与国家的工具性。这就体现出人性和工具性、个性和社会性的矛盾统一。国家是社会整体的体现，但这种整体大都是由国家统治者来掌控和代表的。如果大学生都能做到"自爱"，即自觉地去追求独立人格，并达到自由而全面的发展，他就能识别国家和其统治者之间的区别，知道"君轻民贵"的大义，从而毫无疑义地将"为国"与"为民"在为最大多数人民谋福利的基础上统一起来，从而实现真正意义上的"为国"宗旨。

张亨嘉不愧为教育家

张亨嘉先生能将"为国求学"和"努力自爱"紧密结合起来，就不愧为京师大学堂的首任总监督。这表现出他不仅是一位有作为的朝廷命官，而且确实还是一位胜任职位的教育家。通过这两者之连接，他将人性和工具性、个性和社会性巧妙地结合起来了。近年来国内高等教育界有一场关于高等教育本质的争论，其核心是"适应论"成立与否。① 在笔者看来，教育是一种通过人的培养来延续人类生存和发展的事业，因而也是传承和创新扩增文化的事业。高等教育培养出来的人当然要适应社会生存和发展的需要，并在这个过程中发展和提升自己。但是，教育还是面向未来的事业，要将社会带向更进步、更高级的方向，因此教育，特别是高等教育，还应该超越当前，面向未来，负有改造和引领社会前进的责任。所谓"引领"就是提出、发明、创造新的概念、思想、理论、方法以及新的科学与工艺技术，从而将社会引向更高级、更完美的方向和阶段。"适应"也好，"引领"也好，都是通过人来实现的。高等教育的根本任务是培养人，追求人的自由而全面的发展，其中至少一部分人应该是起到上述"引领"作用的带头人。按照夸美纽斯的说法，人类区别于其他动物的有三大要素：

---

① 见《北京大学教育评论》2013年第1、3、4期上展立新、陈学飞、杨德广、王洪才等的相关文章。

信仰、知识、道德①（他把信仰放在第三位，而我却将它提到第一位了，我认为信仰是起主导作用的）。教育就是要将这三个要素赋予人，即蔡元培先生所说："教育者，养成人格之事业也。"②西方大学往往将信仰和道德教育的任务赋予宗教来承担（尽管近几十年来有要求通过"通识教育"或其他方式进行道德信仰与人生意义教育的强烈呼吁，如见《失去灵魂的卓越——哈佛是如何忘记教育宗旨的》③和《教育的终结——大学何以放弃了对人生意义的追求》④），这样知识就成为唯一有形教育的中心了。因此大学的性质也可以用蔡元培的另一句话来说明，即"大学者，研究高深学问者也"。高等学校的三大职能：教学、科研和直接的社会服务，就是从知识（学问）的角度来划分的，蕴含着知识的传承、生产（创新）和应用。它们体现西方大学以

---

① 〔捷克〕夸美纽斯. 大教学论［M］. 傅任敢，译. 北京：人民教育出版社，1984：25，28.

② 蔡元培. 一九〇〇年以来教育之进步［M］//高平叔. 蔡元培教育论著选. 北京：人民教育出版社，2011：45.

③ 〔美〕哈瑞·刘易斯. 失去灵魂的卓越——哈佛是如何忘记教育宗旨的［M］. 侯定凯，译. 上海：华东师范大学出版社，2007.

④ 〔美〕安东尼·克龙曼. 教育的终结——大学何以放弃了对人生意义的追求［M］. 诸惠芳，译. 北京：北京大学出版社，2013.

知识为中心来培养人的理念，也意味着文化的传承和创新扩增。2011年胡锦涛同志在清华大学百年校庆上的讲话中强调了高校具有文化传承创新的任务是非常重要的，但这并不表示给高校新增了第四个职能；恰恰是因为当下不少从事高校工作的人忘记了自己所做的正是文化工作，所以才需要他加以提醒。高等教育的这种育人根本特性，不是只用经济基础和上层建筑这类政治经济学概念就能全部概括或套用的。

这种从单纯的"为国"到追求人的发展的"自爱"，是理解高等教育任务的一种重大跨越，是从急功近利式的国家工具目标要求，真正过渡到"以人为本"教育目标的高瞻远瞩的发展。应该说，同是遭受过西方强国侵略而通过"维新"自强的日本对此已经有了更深刻的认识。19世纪60—90年代日本明治维新期间发布的"关于奖励学业的告谕"就发出了"士人以上之少数学者，动辄为国而学，不知其为立身之基"[①]的警告。日本维新的推动者深知要真正做到使学生"为国"，首先要解决他们安身立命的

---

① 唐晋．大国崛起［M］．北京：人民出版社，2006：298．

根基，使他们真正具有独立的人格。正像美国著名经济学家加尔布雷斯（J. K. Galbraith）所说："一个国家的前途，不取决于它的国库之殷实，不取决于它的城堡之坚固，也不取决于它的公共设施之华丽，而在于它的公民的文明素养，即在于人们所受的教育，人们的学识、开明和品格的高下。"[1]

从"为国"到"自爱"

由此可见，张亨嘉先生的从"为国"到"自爱"的训词体现了从国家的功利要求到"育人"教育目标的衔接，意蕴深刻。而"自爱"具有非常丰富多彩的含义，需要对它做出充实而完整的解读，尽管随着时代的变迁，某些被演绎出来的意义会远远超出张亨嘉当年所想到的。在我看来，"自爱"，既是一种求学的态度，也是一种为人的品格。它反映在求学的过程中，表现为一种自我修养和历练；

---

[1] 〔美〕加尔布雷斯. 好社会——人道的记事本［M］. 胡利平，译. 南京：译林出版社，1999；转引自：杨东平. 艰难的日出——中国现代教育的20世纪［M］. 上海：文汇出版社，2003：8.

它既是学习的方法与途径，也是学习的内容、目标与结果——达到人的自我发展与解放，实现教育的终极目标。

"自爱"绝不是一蹴而就的，而是需要学生反复琢磨修炼，极其"努力"才能做到的。自爱包含好几个层面，由浅入深，逐步提高、发展。大致说来，可以分为五层，它们是：一、自珍、自重、自愿；二、自主、自助、自为；三、自律、自省、自立；四、自知、自信、自强；五、自由、自我解放。这种层面的划分当然是相对的，不是严格的。它们之间互相重叠交叉，彼此依赖影响。这种划分，也大体上符合孔子的话："吾十有五而志于学，三十而立，四十而不惑，五十而知天命，六十而耳顺，七十而从心所欲，不逾矩。"① 即从自主学习开始，到能独立创建事业，有自己独立主意，不为他人所动，知道什么可为、什么不可为，然后是听到人家非议能泰然处之，最后做到对各种挑战应对自如，取得自由和解放。当然，孔子所说的年序未必全切实。下面，我们将对此做些细致的解读。

---

① 论语·为政

三、自珍、自重、自愿

"自爱"的几个层次中,自珍、自重与自愿是最起码和最基本的。这就是说,要自己爱护、珍惜、看重自己,做什么事都要出于自觉自愿,而不是被别人强制和逼迫的。

那么,这要爱护、珍惜、看重的所谓"自己"意味着什么呢?

每个生命都是独一无二的极其微小的概率事件

首先要珍爱生命。"世间一切事物中,人是第一个可宝贵的",说的就是生命。每个人在世上都是独一无二的,而生命对于一个人只有一次而已。每个人能来到世上是非常难得、十分幸运的。依靠生命,你才能享受大千世界的繁荣华丽和欢乐愉悦,领略人间的喜怒哀乐和宇宙的千变万化。而在偌大的人世间里呈现一个"你",在数学上是极其微小的概率事件:父母在亿万人群中能相遇、能结合,在千万个精子与单个卵子的融合机遇中只成全了"你"一个,这个概率大概只有$1/10^{15}$。"你"是何等荣幸,何等有福分啊!现代生物学研究发现,每个精子都是不相同的,那么你是多么的独特啊!人的生命诞生就这么来之不易和奇妙珍稀,何况长大成人还需要有父母抚养、社会供养、学校培养。这样你才能有所作为,做出贡献。所以做一个人就要非常珍惜自己的生命。生命不仅属于你自己,生命蕴含了千百人的心血,寄托了社会的期望。

独一无二的生命,要求对人群做出独一无二的贡献。这种独特贡献并非要求每个人都能做出什么丰功伟绩,表现得出类拔萃,而是要求每个人都具有独立性,做任何事都能彰显自己的天赋才能、独特的优势和潜能。世界上没有一个人是与别人完全相同的,这不仅在于外表、性格、兴趣、爱好和才华,更在于每个人都可发掘出来与众不同的内在品格与特色。俗话说"言人人殊",连普通说句话每人都是不同的,何况事业。

因此,只要你由着独特的性子去干,即使就是做个卖茶叶蛋的生意,也会卖得与众不同,创造自己的特色与奇迹!北大中文系1989年毕业生陆步轩后来干起了卖猪肉的行当,他和校友陈生创造出了"互联网+猪肉"的"北大水准"的品牌,2018年销售额超过十亿元人民币,闻名全国!每个人都会创造,由着自己独特的性子去干就可能创造出独一无二的事业来。美国波士顿有一家独立前开设的餐馆,至今仍保持着当年的特色,虽然还是只有一间门面的小饭馆,可是客流如潮,人们都想来此领略古老遗风。要是在我们中国可能它早就办成五星级大酒店了。我们大多数中国人做什么事喜欢从众、向人看齐,出不了特色,就是因为不懂得尊重每一个人的可贵。而时下有的大学生极端漠视生命,既不珍惜自己的生命,也不尊重他人生命,以致在传媒上不时可以看到一些校内暴力事件和个别学生因鸡毛蒜皮的小事而轻生的报道。甚至还有因为害怕某门功课考试不及格和不能忍受一颗牙齿疼痛而了结生命的极端个例。这反映出一些学生极端脆弱,对人生意义和价值极端漠视。

人是一种有待规定的存在者

人为什么活着？人该怎样度过一生？这种关于人生或生命的意义和价值的问题是每个人都要遇到，并需要认真思索的。这对于一个人来说，是本源或基础性的问题。婴儿和孩童不可能想到这种问题，他们自然地诞生出来，本能地知道要吃喝，要生存，要人爱抚。他们对人生意义和价值的认识处于蒙昧状态。等到上小学，成长为少年了，他们就会考虑：人为什么会有不同？为什么有"好人"和"坏人"之分？为什么有些人会得到大家的尊重、敬仰，流芳百世，而有些人则为人所不齿和厌弃，甚至遗臭万年？这样他们就开始考虑人为什么要活着和怎样活着的问题了。但是，他们还是迷茫的，并不懂得其缘由，可以说是对人生意义的认识还处于迷昧状态。这时，家庭、学校和社会应从人类历史的故事和现实的政治经济生活方面给予他们以积极的教育、熏陶和影响，从而使他们建立起一定的信仰。

据科学史专家吴国盛教授说："人是一种有待规定的

存在者。"① 这话怎么讲？他说，这里有两层意思。

第一层意思是人是先天缺失者。这是跟其他哺乳动物比出来的。一般哺乳动物出生时的脑量大概是其成年时的一半，所以小鹿一生出来就能控制自己站立起来找奶吃。而人出生时的脑量大概只有300多毫升，仅为成年人脑量的四分之一，所以婴儿的能力连禽兽幼崽都不如。要是婴儿的头脑也能发育到成人的一半才出生，他妈妈就要怀孕21个月，这样的婴儿太大了，直立的母亲的骨盆根本负担不起，只能怀胎10个月就生出先天不足的婴儿来。所以小孩子生出来连站立都不会，更没有什么本善本恶的天性，一切全都靠后天教育，当然首先是母教，甚至还有胎教，以后才是各种家庭教育、社会教育、学校教育等。

第二层意思是人是知死者。这就是说，小孩到了三四岁，就会知道人是要死的，自己最终也是要死的。既然人终有一死，何必活着？活着有什么意思？我想其他动物也许在将死的时候才会知道有死，而活着的绝大部分时候是

---

① 吴国盛. 什么是科学［M］. 广州：广东人民出版社，2016：28.

不知道自己要死的。如果养在猪圈里的猪知道明天就要被宰杀，它的肉大概就很难吃了。因此，人生意义或人生价值是人所特有的问题，是每一个人都要考虑的，而且这成为活着的前提和支柱。

信仰是支柱

我以为支撑人生意义或价值的是信仰。

人要活着是生命的本能。婴儿一出生就要呼吸、要吸奶、要活动，否则，生命就会停止。稍大一些，就怕火、怕大水、怕雷电，因为它们危及生命。再长大些，知道人会死，怕死，怕死人。再后来，知道自己也免不了一死，问题来了：为什么要活着呢？一生该怎么过呢？

通过生活，孩童慢慢体悟到，自己能活着，能快乐，其实靠的是别人：妈妈喂奶，爸爸抱着看到五颜六色的世界，小伙伴们打闹着玩十分高兴。于是，他逐渐晓得人过着的是社会生活，互相依赖。于是，他又感受到，有些人过得很富足、很愉快，有的人过得很贫穷、很艰难，领会到人有好坏，有善恶。自己该做一个什么样的人呢？怎样做到自己所向往的人呢？这样的思考模模糊糊地引向了价值观与人生观的构建。

在这里，对于人的行为与其结果的关系的观察与体验起着重要作用，比如：善有善报，恶有恶报，似乎冥冥中有一种主宰。这就是朦胧的信仰。

婴儿只信仰母亲。他想吸奶了，母亲不喂他，他就会啼哭。稍长大一些，看到别人有好玩的玩具，自己却没有，又不能将人家的东西抢来玩，这就开始有了自己和他人的区分，这时他开始懂得了，人是有约束的，不能想要什么就能得到什么，而且进一步还有了善与恶的概念。这多半也是妈妈教给他的，他只相信妈妈。

人再成长之后，事情复杂得多了，只相信妈妈解决不了问题。开始时人类的一般信仰都带点宗教色彩，比如，佛教和基督教等都教导做人应当为善而不作恶，让人相信人的行为的善恶会有"神明"来实施报应，从而直接关系到人的切身利益，即使这种因果报应不是现世能得到的，比如善人死后能升天，恶人死后下地狱，从而使信仰笃实而虔诚。这种善恶区别主要就看人对他人是有益还是损害，施行恩泽还是罪孽。

我们中国人受儒家学说的影响，很少有坚定的宗教信仰。我们往往是泛神论者，总还相信有"老天爷"或"上苍"的存在，他们主宰着人的命运。

正义是信仰的核心

无神论者不相信有超现实的神明存在，善恶信仰就建立在人间普适的世界观、人生观和价值观之上。进行这种世界观、人生观和价值观的教育是基础教育和高等教育都具有的不可推卸的神圣责任，其主要方式是通过生活的历练和哲学、历史、文学、艺术与科学的学习和熏陶，使学生建立健全的人格，养成理性思维的习惯，感悟人世变化发展的规律，从而懂得什么是真善美，什么是假恶丑。

在我看来，这种价值观念中最根本和最核心的就是"正义"。"正义"是人在与他人、社会和自然相处过程中权利与义务的平衡与对等要求的体现。这里包含两层意思：一、人生而有权利享用大自然所赐予的各种资源，同时又有义务来珍惜和爱护自然；二、人生而有权利享用他人（包括父母、家庭、社会、国家等）所提供的服务，同时也有义务来服务他人，像孝顺父母、服务社会、报效国家等。这里，权利和义务、给予和回馈、恩惠与报答，都是相互对等、高度对称的。这体现了互动、互爱、互助、互惠，涵盖着公平、平等、公正、正直等意义。[①]这种观念也完全符合中国传统儒家道德和行为的准则，即所谓"推己及人""己所不欲，勿施于人"，以及"滴水之恩，当涌泉相报"之类的观念。建立了这样的价值信仰，人就能识别和分辨善恶，同时也知道"做人"的作用不仅在于使自己能够享用大自然和人世间所给予的各种资源和恩泽，而且也要让他人和自然分享自己所做出的独特贡献。这样一个人的存在，就不仅是他个人的事，更是人群和整个社会和人间的事了。有了这种觉悟，人就对人生的意义和价值处于"不昧"的境界了。大学生应当达到这样的境界。

---

① 王义遒. 论大学精神形成演变的逻辑之道——大学精神之我见［J］. 中国高教研究，2012（9）：9-16.

大学应当探讨人生意义

由于当下物质利益至上的观念风行全球,世界性的物质竞争异常激烈,真可谓是急功近利,物欲横流。人们重物质轻精神,对利益的追求甚至超过对生命的呵护,追逐名利、贪图享受甚于对生命价值的探求。因此大学中这类漠视、轻视人生意义和价值探讨的现象一定程度上带有国际性。美国耶鲁大学教授、法学院前院长安东尼·克龙曼写了一本书,名为《教育的终结——大学何以放弃了对人生意义的追求》,他认为对人生意义的探讨是大学的应有之义,但现在却被放弃了。他分析了造成这个问题的主要原因,其中包括人文学科的衰微、科学主义的盛行、追求"政治正确性"、过分重视科研成果而忽视教学等。但我认为至少对于中国,主要是社会和大学普遍急功近利,过分贪图物质利益。由此可见这个问题是一个世界性的顽疾,值得大学生和高等教育工作者严重关切。

对于宇宙和世界来说,人生是非常短暂的。人即使活到一百岁,在世界历史上也只是一瞬间。曹操曾经这样慨叹:"对酒当歌,人生几何!譬如朝露,去日苦多。"因此，人对于生命的珍惜首先就表现在珍惜时间上。中国民间有一句俗话："一寸光阴一寸金，寸金难买寸光阴。"话虽显得有点俗，却十分反映实际。当今世界科技发达，变化迅速，人在每个时刻、每个阶段，境遇不同，成长发展程度不同，经历的顺境和逆境不同，取得成就和遭遇失败不同。因此人的每时每刻都是不同的，今日的我非昨日、明日的我，此我非彼我。所以人要爱护、珍惜时间，抓紧每时每刻，在生活中分秒必争。珍惜光阴就是珍惜生命！

珍惜身体

其次，要爱护和珍惜身体。身体是生命的载体，是生命的寄托，是享受生活和成就事业的基础。没有身体，也就没有人生的一切。所以民国初年蔡元培任教育总长时就向中国青少年提出了"狮子样的体力，猴子样的敏捷，骆驼样的精神"的口号。毛泽东主席公开发表在《新青年》杂志上的《体育之研究》也宣扬强国必先强民的思想。中华人民共和国成立后，他在1950年向中国青年发出了"身体好，学习好，工作好"的号召。我曾经感到过困惑：

教育方针不是说要求受教育者在"德智体诸方面都得到发展"吗?我们不是经常在说"德育首位"吗?为什么这两个口号都把"身体好"放在第一位呢?其实,说白了,没有好身体,就没有一切。时常因病卧床,甚至英年早逝,道德再好有什么用,还能做好工作吗?所以对于生命,身体是基础,是本钱。没有好身体,一切皆落空。可是现在有些年轻人,太不把自己的身体当回事儿了。我们经常看到,有些年轻人,特别是女青年,把身材体态漂亮纤细看得比体格健壮更重要。有的人为了追求"苗条",不惜放弃对成长与学习十分关键的早餐。有些学生的作为甚至是对自己身体的摧残和虐待。当下我国各类学校因为怕"担风险",小学不组织学生远足,中学不让学生登山。要是再加上大学生都不吃早饭,岂不国民都会弱不禁风、手无缚鸡之力?听说,我国中小学生的平均身高以前是高于日本和韩国的,可是近年来却变得矮于他们的身高了。要是真的这样,我真担心万一国家遇到一点风吹草动,一些艰难险阻,还有谁能奋力担当,完成攻坚克难、艰苦卓绝的捍卫国家的任务呢?这真是国家民族的隐患啊!

常锻炼，讲卫生

爱护珍惜身体，首先要进行体育锻炼。这种锻炼可以是在学校老师指导下定时做一些适合自己的体育运动。运动的种类繁多，我们完全可以根据自己的身体状况和兴趣爱好而加以选择。记得20世纪50年代，大学生提出"为祖国健康工作五十年"（后来甚至改为"六十年"）的口号，学校学习苏联，实行"劳动卫国制"体育锻炼标准（改革开放后改为"国家体育锻炼标准"），大学操场每天下午四点半以后挤满了人，个个争取"达标""超标"，一派热气腾腾的体育锻炼景象，充满青春朝气，非常感人。

可是当下学校更强调的是竞技体育，争招"体育特长生"，在体育专项上争名次的多了，下午操场上全体学生活动的热闹气氛少了。大学里的教学评估，也较少关注学生的体质状况，以致大学里多是戴眼镜的，"豆芽菜"与"胖墩"同时增长。

其实，只要有心，锻炼身体也可以不必专门抽出时间来做特定的运动项目。比如有人以步行上下高楼作为运动。一个人做事情，如果时间允许，能走路就不用交通工具；携带东西，能手提肩扛就不劳驾他人。奋力自为，就是一种磨炼。所以只要勤劳刻苦也能锻炼身体，而且结合工作与事业，不需额外花费时间、金钱，十分方便，非常有效。养尊处优，饭来张口、衣来伸手的人是不会有健康体魄的。心态对于人的健康也很重要，盲目关心身体、成天疑神疑鬼以为自己得了什么病的人，一天到晚多愁善感的人，不会是一个健康人。对人生意义缺乏认识，成天追名逐利，斤斤计较于个人得失，因细小事情而郁郁寡欢的人，不可能具有健全的心态和体格。

爱护珍惜身体，还要讲究卫生，预防疾病。中国古代的《孝经·开宗明义章》上说："身体发肤，受之父母，不敢毁伤，孝之始也。"因此，古时候中国人有不剃头发、不剪指甲的。这是很不科学的。遵行"孝"的道德，自然应该包括珍惜身体，对于五官、皮肤，都应当爱护，时常保持清洁、灵敏。但是不修理毛发指甲是妨碍卫生、有害健康的。我曾见过一位少年学生，几个月不剪头发，形象很不好，看上去头像刺猬一样。问他为什么不理发，说是不知道理发馆在哪里。这就太不应该、太不在意身体了。

讲究卫生，还要注意饮食，不吃腐烂不洁的食物，不暴饮暴食。许多学生患病，常是"吃"出来的。推己及人，除了关注个人卫生以外，还要注意公共卫生，以防疾病传染。环境生态的清洁、优雅、和谐、活泼对于人的身心健康也有重要影响，乱丢纸屑、果皮、弃物等习惯必须坚决纠正，如此等等。

才干能力要得其所用

第三，要珍惜和尊重自己的才能、本事和精力。这些是一个人用以服务他人和社会的资源、本钱和法宝，是具有独特性和唯一性的，也需要爱护和珍惜，不能浪费、糟蹋或滥用。现在有的年轻人有一点本事，就喜欢卖弄炫耀，以显摆自己高明。有的甚至张扬夸口，无中生有。这是一种浅薄的行为，足以暴露自己的无能。才能、本事和精力是为了解决问题、做好工作的，不是给人看的。为了服务社会，报效祖国，在确有需要的时候，我们应该奋不顾身，勇于担当，将自己的宝贵才干能力奉献出来，造福人民。但是我们也绝不做白费精力的事，要把宝贵资源用得恰到好处。俗话说"好钢要用在刀刃上""该出手时才出手",要争取将自己宝贵的能力与精力放在可收到实效处,方能真正彰显自己的功力。

在过去革命年代,我们强调革命组织的成员的无私表现是"一切听从组织安排""祖国需要就是我的志愿"。这固然体现那个时代的人的忘我精神与豪情壮志,但它却只是在要将旧体制打得落花流水,在摧毁顽固的旧建构时才需要的。不惜牺牲一切、不计代价是不得已而为之。在建设时代,我们就要保护珍惜一切新生力量,使其茁壮成长,新的建构才能破土而出成为大厦。每一块砖、每个螺丝钉,都得适其所用。固然,人有学习的长处,许多新事物、自己不了解的东西可以通过学习而得以熟悉,但人终究是各不相同的,并非所有事物都是每个个体的体力与智力能胜任的,勉强去从事自己力所不能及的事,只能两败俱伤,既不利于事业,也不利于个人。每个组织在考虑人才使用时,应当充分了解人的特点,而个人一方面要考虑摆在面前的任务的重要性,另一方面也要有自知之明,知道自己的才能是否胜任。这不仅是为"个人考虑",也是为"组织考虑"与为"事业考虑"。所以新时代,"一切服从组织分配"并非都是负责任的、可贵的表现。在一定情况下，应该将自己的情况实事求是地告诉相关领导人与组织，做自己愿意做而且能努力做好的事。

珍惜个人名誉

第四，要重视和珍惜个人名誉。名誉可以说是人的精神生命，是对一个人人格的社会评价，具体表现在人的品德、才能、业绩等方面。名誉集中体现了人的人格尊严，是由人的行为和表现长期积累而成，并由业绩来决定的。有的人完成了伟大事业，对人民做出了重要贡献，得到公众的普遍赞誉，获得了崇高荣誉，乃至流芳百世、万古长青。而另一些人对国家和人民造成了极大损害，势必遗臭万年。名誉使人能赢得他人尊重、爱戴、仰慕、崇拜，或受人鄙夷、嫌憎、厌弃、唾骂。名誉是这种褒贬差别的基本要素或根据，是人的品格的集中反映。因此，造谣中伤、损害毁谤他人名誉是犯罪行为，要受到法律制裁；而阿谀谄媚、溜须拍马则被认为是小人之举，为众人所不齿。

名誉不等于"名气""出名"或"有名",后者表示"闻达",让世人或后人都能知道你,这样才显得光彩、荣耀。而名誉却是无形的。"有名"并不一定真有好声誉。一些人能在某种事业上获得"金榜题名",却并不表示他具有很高的声誉;而另一些人虽然在历史、社会或事业上并没有什么重要地位,甚至默默无闻,却能在部分人群中享有很高的声誉。有些人活着孜孜于求名,活得很苦很累。其实从投入产出看,追求当"状元"出名很不划算。历史上状元对人类做出显著业绩而被人记住的寥寥无几。还是哲人庄子看得透:"名者,实之宾也。吾将为宾乎?"[①]所以做人最主要的是要真正发挥你的优势,为人类做点你独特的实在的贡献。

当下中国社会弥漫着一股追捧"名角""名嘴""大款"的风气,达到疯狂的程度,凸显着社会的浮躁与市场的不成熟。"名角""名嘴""大款"们的"粉丝"无数,对他们盲目崇拜痴迷,以致他们的恶行、丑行都可能成为价值连城的"名作""佳品",毫无理性可言。这是国民,

---

① 庄子内篇·逍遥游

尤其是某些无知少年素质不高的表现，有些不负责任的媒体从中推波助澜。大学生要坚决拒绝，并自觉抵制这种轻薄现象，绝不能让这种不文明现象进入大学校园，亵渎圣殿，败坏学风。

名誉也不等于面子。面子有时确实可以看成是名誉的一种外在表现。"中国人讲面子"，有时候就表示我们中国人比较看重名誉。但是，面子更多的是人对名誉的一种主观感觉。比方说，中国本土的科学家至今只得过一个诺贝尔自然科学奖，有人就觉得中国科学界很没有面子，不光彩，而并不去分析诺贝尔自然科学奖对于中国这样的国家究竟意味着什么，有什么实际价值。所以，有时候面子就表现为虚的名誉、虚荣。有人为了弄得虚名、保全面子而弄虚作假，干出欺世盗名的勾当。有人则搞名利交易，用面子换取实利。名誉不能是虚假的，名誉要靠坚定正确的信仰和扎实工作的行为来维持。有时候，名誉甚至要靠牺牲面子来取得。

我自己就有这样的经验，一项工作初上手的时候，总会有点毛病、瑕疵、差错，甚至遭遇失败。有人怕丢面子，不敢上手，结果是丢掉了得到锻炼和取得成就的机会。相反，如果不怕丢面子，勇于担当，从瑕疵、差错、被人嘲笑和失败中积极吸取教训，从工作中学习，取得经验，得到锤炼，最终解决了问题，就会得到名誉。一个人是这样，一桩事业是这样，一个国家也是这样，实事求是必胜，贪图虚名必败。对待名誉必须抱求真务实的态度。但同时，我们也应当提倡一种允许犯错误、宽容失败的氛围，绝不要在人家初犯一些错误时就一棍子打死。这样，每个人的积极性和个性才能充分展现和发挥出来，才会有创造，事业才能有进步。

爱护自己的权利

第五，要爱护和珍惜个人的权利、财产、资源等合法的、属于自己的东西。一个人要做点事，总得有个职务和岗位，就会相应地有点权力，掌握一些资源，这些都是"公器"，用以完成给你的工作。之后，你在岗位上付出了劳动，实现了一定任务，你会得到一些报偿，例如金钱与声誉。这符合对等的公平和正义原则。也正因为如此，个人通过努力劳动而取得的利益和财富，是应该享用的，而且是维持生命和改善生活所必要的。对这些东西无端放弃、随意处置是不明智的,不仅对自己有伤害,而且还会纵容,甚至造成社会的不公。

不过在学生时代抽时间做点社团工作,虽然付出不少劳动,所得到的报偿也许只是使你获得了某种见识与经验,增长了才干和能力而已,可是其意义却非同小可。有时候,你所参与的工作也许还会给你一些额外的报偿,比如金钱或奖励。切忌过于计较你的报酬是否与你的付出精确匹配,因为学生的身份就意味着你的一切努力只是为将来的人生做准备,你所得到的主要应该是生命的活力、身体的强健、精神的提升、经验的积累。当下一些学校将社会上的"市场原则"搬来处处应用,有的学生热衷于精打细算,为规划自己的未来而积蓄各种"分值"(有的学校动辄用"学分"来记载学生的活动成绩,"学分"成了有价的金钱),担任一种学生职务计多少分,参与一次公共活动计多少分,毕业时就靠炫耀积分而谋个好差使。有人说,现在大学培养的是"精致的利己主义者",就是一些学生早已学会了一切以市场原则来对待生命,将自己看成是"商品",精致地筹划自己在校的每一步,要为之后的出人头地、享受优裕生活而做好准备。这不但不是自爱、自尊，而且是自甘堕落，对生命是一种亵渎与糟蹋，既庸俗且可怜。

　　大学崇尚的就是知识和学术，这些才是个人和人类未来的生命。据说20世纪30年代德国希特勒迫害犹太人的时候，美国普林斯顿高等研究院院长弗莱克斯纳请爱因斯坦去任职。他问爱因斯坦要多少薪酬。爱因斯坦想了一阵，觉得美国的生活费用较高，要过体面生活一年总要3000美元，就开出了这个价。弗莱克斯纳听后哈哈大笑，说："我给你12000美元吧。"（一说是17000美元，未做考证）爱因斯坦居然不要，说用不了那么多，当然后来还是勉强接受了。科学是无价的。相对论值多少钱？而维持科学家的充裕生命的消耗却是十分有限的。

　　目前更可怕的是滥用权力和资源，用"公器"为个人谋取非分的私利。这就是一种腐败。可惜这种腐败已经浸入到学校和学术领域。一些学者千方百计谋求一官半职，为的是要建立人脉、扩充关系，以求方便用权力寻租，在申请课题、经费、奖励、各种头衔和任用助手、人员等方面获取特殊利益。这种风气严重败坏了学校作为文化学术机构的清高形象。

但是,所有这些权力、利益、财产、资源等都是身外之物,在人的生命结束的时候,一切化为乌有。所以对待它们完全可以大方些,不必斤斤计较。老子说过:"圣人不积:既以为人,己愈有;既以与人,己愈多……人之道,为而弗争。"①

上面说的自珍、自重、自愿,其核心是要树立人的主体意识,养成人的独立人格。每个人都是一个独立的行为主体,"我"就是众人之一,一切属于我的东西我都要爱护、珍惜、尊重。但自珍、自重、自愿又都不是绝对的,而是相对的。个人、人的生命固然重要,是世界唯一的,但是,如果这个"一"与众多的其他人相比较,毕竟只是"一"。所以当一个人的价值与众人的价值相比较的时候,当个人的利益和人群、社会、民族、国家的利益出现抵触和矛盾的时候,个人利益就应该无条件地服从多数人的利益,甚至包括献出生命。所以孟子说:"生,亦我所欲也;义,亦我所欲也。二者不可得兼,舍生而取义者也。"②司

---

① 道德经·八十一章
② 孟子·告子上

马迁则说:"人固有一死,或重于泰山,或轻于鸿毛。"① 匈牙利的民族诗人裴多菲则有:"生命诚可贵,爱情价更高。若为自由故,两者皆可抛。"对于生命尚且如此,更何况其他呢?这就是我们对自珍、自重和自愿的态度。

① 汉书·报任少卿书

四、自主、自助、自为

自主、自助、自为表示在自己职务范围内的事,都要积极主动去做,尽量不要依赖他人。《国际歌》歌词说:"从来就没有什么救世主,也不靠神仙皇帝!要创造人类的幸福,全靠我们自己!"所以无论是个人的事,还是大众的事都是要靠自己做主,努力而为。

生活就得学习

人活在世上,要生存,要发展,就要做工作、做事情,总要与自然界接触,与他人相处,参与社会生活。为此,首先就要求认识自然和周围环境,了解他人、社会、国家以及全世界。这就是说人要有知识。"知识"是人区别于一般动物的一个重要元素。不仅如此,人还要求有能做事的各种技能或能力,技能或能力的基础也是知识，此外还要有道德，懂规则，才能与人和谐相处，合作共事，取得事业的成功。所有这些知识、能力和道德的获得都依赖于学习。所以一切人都要学习，要生活就得学习。

对于学生，学习可以说是唯一任务。完成这个任务不是校长、教师能做主的，全靠学生自主学习，学生是学习的主人，是学校教学的中心。

当今世界科学技术发达，社会进步迅速，人们的生活节奏和工作变动都异常快速。其结果就是人们已有的知识和能力急剧老化，不能适应新情况。这就注定了人要不断学习，不断了解新事物，获得新知识，练就新能力，适应新情况。只有这样才能保证人能时刻跟上时代的步伐，取得事业成功，提高生活质量。所以现在不但青年人要接受教育，而且所有人都要随时随地接受教育，终身接受教育，以求得知识和能力的不断更新。然而庄子说："吾生也有涯，而知也无涯。以有涯随无涯，殆已！"[1] 就是说知识是无穷尽的，而人的生命和精力却是有限的。想用有限

---

[1] 庄子·养生主

的生命去追求无限的知识，势必搞得筋疲力尽，岂不是徒劳？不过庄子说的"知"，是指各方面的零碎小知识，你想无所不择地将各种知识都学到手完全没有必要。但人类发展历程，实际上就是在一点一滴地追求新知识的过程中进步，并逐渐改善生活质量的。人要能跟上时代洪流，不被淹没，不被遗弃，就只有奋力学习，不断充实自己。即使你不想融入当今社会，愿意在穷乡僻壤中去独自生活，你也得学会生存，学会与水旱灾荒和蚊蝇蛇蝎做斗争。所以我们追求的并非都是无限的知识，更重要的是为了生存发展所必需的知识。

但是，人又不能一辈子都当学生，都在学校受教育。所以这种"受教育"主要是靠自己，就是自主、自助地学习，而且是在做中学，学中做，边做边学。从这个意义上说，活到老，学到老，终身学习，就是人类的宿命。这不仅是当代的要求，而且因为当下知识爆炸，科技进步太快，天天出现新商品、新花样，生活方式时时在变，随时学习就显得更为必要了。

"求学"是学会"自己学"

学生在学校受教育,尤其是高等教育,所谓"求学","求"的就是那种要主动学习、自主学习的本事、态度和方法。由于你总有一天要离开学校,所谓"求学",就是要学会没有学校、没有老师也能学。或者也可以这样说,上大学就是要求懂得怎样"做学生",掌握"自己学",学到应该学什么、怎样学。

要回答这样一个问题并不是一件很容易的事,因为这要求具有较宽的知识面,要有对人生和事业的理解和预测,要求对"自己"有透彻的认识。虽然与中小学的基础教育阶段不同,大学生已经具备一定的基础知识来了解和透视人生和世界,大体懂得应该学些什么和怎样学了;但是多数大学生在这方面仍然处于一种迷茫状态。这主要是因为高等教育是一种专业教育,学生是按照学科专业的划分来进行学习的;大多数学生毕业后要从事一定职业的专门工作。因此,他们常常误以为高等学校学习就是一种职业训练,是为将来从事某种职业做准备的,以为只要将专业课程学好,掌握了一定的职业本事就算是学好了。正因为这样,一些大学生常常为选择专业而产生不必要的苦恼:专业不合自己心意、专业不是当下社会热门难找工作、专业发展前景不确定等。这种学习观念带有狭隘的功利性,是一种将人塑造成工具的"制器"观念,是既不符合教育目标,也会严重阻碍个人发展的。

其实,按上面所说,在当今科技、经济和社会急剧发展的时代,所谓专业或职业也都是迅速变迁而不稳定的。例如,在现代电子信息快速进步下,一度十分繁荣的邮政、电报行业几乎已快消失了;以铁路事业来说,机车从蒸汽、内燃机,变到电动机、磁悬浮,只会开蒸汽机车的司机必然失业;更不要说计算机、手机等信息产品几乎每年都在变。可以说,科学技术发展越快,人们的职业生命越短。所以,专业、职业、行业是不会"万岁"的,它会消亡;而同一个职业之内,其技能、本事也会瞬息万变,刚刚学了一招,很快就"过时"了,没有什么东西是可以一劳永逸的。笔者曾见到过一份材料,说美国人一生平均要更换工作六七次。这也就是说,人在一个工作岗位的时间不到十年。

大学里之所以要按照专业来学习,无非是因为世事物太多，不同专业的知识和能力的内涵、结构还是有较大差别的，不分专业什么都学，你学不过来。按专业学习，可以使学生毕业后较快地适应该行业的工作，使自己更快成长。但不管学什么学科专业，自主学习和工作的态度和方法却具有一般性，对一切学科专业都是普遍适用的。我们"求学"就是要通过学习某门学科专业的具体知识内容来获得这些带普遍性的态度、原则和方法。即使将来所学的具体专业知识内容完全遗忘了，所取得的自主学习的态度和能力却会保留下来，成为"万灵法宝"以用于学习从事其他行业。所以专业往往只是一个载体，通过专业学习和工作来帮助你获得自主学习所需要的态度、原则和方法。实际上，从高等教育历史来看，学生毕业后一生工作完全与所学专业一致的人是少数，多数人都是几经变换的。但是这决不能反过来说，大学学习可以不分专业，要求每个学生成为什么科目都学，无所不知、无所不能的"通才"，这样的人是不可能有的。

所以，大学里"求学"就是要透过专业学习去掌握"学"的要义：主动、自主学习的态度和能力。"学习"无非有两种：一是从先行者、从教师、从他人和从同学那里学，包括从书本上、从各种媒体资料上学；二是从亲身实践中学，从工作中学，从做中学。两者总体上都可以说是通过一种环境来熏陶和磨炼。如前所说，高等学校的责任就在于要创造这种环境，使学生能够在这片天地中学习和表现，最大限度地发挥自己的天赋才能，彰显自己，获得全面而充分的发展。

两种态度，两种能力

由于这个"学"里包含上述两方面的内容，在我看来，大学里要学的主要可以归结为"两种态度，两种能力"[①]。这"能力"或"本事"，是我们实际需要、可以产生业绩的。但是，你要获得并掌握能力，首先得有一种良好的心理素质或状态。这就是"态度"。态度是出发点，具有根本意义。我国"两弹一星"功勋科学家王大珩先生生前曾多次说过，"一个人能否取得成就，往往态度决定一切"。所以我将态度与能力联系起来，并称"两种态

---

① 王义遒. 进入21世纪的中国高等教育追求什么样的教育质量？[J]. 教学与教材研究，1996（6）.

度，两种能力"。这就是：一、渴望学习、终身学习的态度和自主学习、自我发展的能力；二、尊重他人、尊重自然与事业的态度和表达交流与沟通合作的能力。这"两种态度，两种能力"不仅是高校学习的要素和主要内容，而且也是做好工作的重要条件。它们不仅是大学生所要了解和做到的，而且是大学举办者和教师所要认识和运用的。大学教师不管教的是什么科目，尽管其具体知识内容是重要的，但更重要的在于激发学生的学习兴趣和意愿，并且根据自己的情况，学到一种自主学习的普遍方法与能力。我个人认为，如果学校的教师和学生都理解并努力做到这两点，大学的教育教学质量就得到了基本保证。

"两种态度，两种能力"从渴望学习的态度开始，这就是说，要像无知的小孩那样对一切事物都感兴趣，遇事都要问个"有什么""是什么""为什么"。这种对未知事物的好奇，是追求知识的原动力，也是渴望学习的出发点。有了这样的学习兴趣，才会有学习的渴望、主动性和积极性，养成随时学习、终身学习的态度和习惯。也可以说这种态度就是保持"童心"。甚至还可以这样说，人们为将"未知"成为科学的"已知"，即创新知识，必须有像追求恋人那样的"狂热"情绪和动力。无怪乎发现 DNA 双螺旋结构的英国生物物理学家、诺贝尔奖获得者克里克把他的自传定名为《狂热的追求》,而其副标题则是"科学发现之我见"[①]。科学家就是这样,他所发现的新现象、发明的新理论、解决的新问题越多,却反而感到剩下的未知现象、不确定的理论、无解的问题、自己不懂的东西还有更多,从而越会激发他进一步学习的愿望和探索未知的强劲动力。可是现在我们的教育结果却往往是受的教育越多,学习的热情与积极性就越少;自以为已经知道很多了,满足了。出现受教育越多而求知欲越少的现象就意味着现存教育工作的失败。无论何种教育,应该将激发与提高求知欲,增加对学习的兴趣和动力作为第一目标。

向一切人和物学做人

要学习,最原始的方法就是向他人学。从书本或各种

---

① 〔英〕弗朗西斯·克里克. 狂热的追求——科学发现之我见[M]. 吕向东, 唐孝威, 译. 合肥: 中国科学技术大学出版社, 1994.

媒体信息学，也是间接向别人学。向他人学就是"以人为师"，首先就要尊重人，摆正自己与他人的关系。在学校学习，做学生的对授课老师做到这一点还不难。但是，我们要随时随地学习，终身学习，向所有人学习，要做到这点就不容易了。其实，即使在大学里学习，也有一个向所有人学习的问题。北大曾总结过一位研究生的学习经验，他的论文工作特别出色，取得了研究生罕见的成绩。原来他的研究课题涉及多个领域、多门学科，他能找到相关问题上国内该领域最懂行的高手，然后虚心登门求教。在他的竭诚感召下，那些人就全力帮助他去解决问题，终于使他取得了优秀的结果。

相反，我们在开展多学科交叉的课题研究中，常常会遇到难以合作的情况。究其原因，"文人相轻"，不同学科的人互相看不起是主要的原因。解决某一问题时，来自不同学科的学者常因学术用语不同而彼此看不起，说人家连基本概念都不懂，无法合作，甚至因此不欢而散。其实，那种分歧无非是习惯用语不同而已。不同学科的合作，其作用就在于视角不同、观点各异，一个问题从不同方面来探讨，就可避免盲人摸象的弊病而使问题得到全面解决。

人不相同，各有优缺点，合作的优势就是能取长补短。所以孔夫子说"三人行，必有我师焉"。向别人学习，不仅在于别人有比自己更丰富的知识和本领，而且还在于人家具有有别于自己的意见、观点和学识，是"异己"力量。要是人家跟自己完全相同，这个学习的必要性就消失了。

对于可以向其学习的人固然要尊重，就是对于学习的对象——事物，也要加以尊重和爱惜，而决不能采取轻率、滥用、糟蹋，甚至敌视的态度。上面说过，学习的另一个源头是实践。要从实践中得到学习的效果，就要对实践的对象——大自然、事业、职业、工作等——怀有兴趣和感情，抱着热爱、珍惜、欣赏的态度。这也是尊重，尊重自己学习、工作的对象。推而广之，这就是要具有正确对待自己，对待他人，对待社会、民族、国家，乃至全人类，以及正确对待自然、学业、事业和处理各种关系的态度。

过去我们做自然科学的，往往以认识自然和改造自然为职志，还曾以"人类征服自然"为豪言壮语，以为可以任意损害和摧残自然而满足人奢侈享受的欲望。其结果是生态破坏、环境恶化，反过来威胁人类的生存与发展。这是人类不"仁"、不会做人的惨痛教训。

显然，只有充分认识人生意义，能够正确"做人"的人，才能形成以上两种态度。为此，大学生在专业学习之外，还要接受文化素质教育或通识教育，修读相应课程。通过对哲学、历史、文学、艺术、社会和自然科学等课程的学习，他们可从人类万千年的生活经验和深邃思考中体悟人生意义，领略生命价值，理解社会和自然发展变化的基本规律，从而树立正确的人生观和价值观，明白"做人"的道理。他们还要通过参与课内外、校内外的各类文体科技社团、志愿者和社会服务活动的实践，来培养和锻炼处理各种人际关系和人与自然关系的正确态度和能力。

知识体系是自己构建的

在自主学习、独立获取知识的过程中，学生和教师都要相信学生所掌握的知识是他们自己构建的，而不是依靠教师灌输得来的。[①]"知识"包含"知"与"识"两方面，

---

① 〔美〕肯·贝恩. 如何成为卓越的大学教师［M］. 明廷雄，彭汉良，译. 北京：北京大学出版社，2007：26.

"知"只是信息的接受、获悉和存贮，而"识"则有分辨、识别、鉴定、判断等含义。这是必须通过对信息进行加工处理，并构建成为系统之后才能完成的。教师授课只是向学生提供信息，包括各种事实、概念、理论等，它们不过是外在的知识片段，而学生能否领会、理解、掌握，构成他们能够应用自如的、内化了的知识系统则是学生自己的事了。他们要对所得信息素材进行反复咀嚼、消化以后才能构建起属于自己的知识体系。这好比建造房子，教师只提供梁柱砖瓦等材料，学生要自己进行搭建铺砌才能住进去享用。

在这方面我有极其鲜活的体验。在一次北大化学系"文革"前六年制本科生毕业30周年的聚会上，我问他们在校期间哪门课学得最好，他们一致说是黄子卿先生的"物理化学"。我又问黄先生讲课好在哪里，他们说"从来没有当堂全听懂过"，而黄先生有一本很好的讲义。由于课堂上留下了很多问题，必须课后反复研读讲义，相互讨论，彻底弄懂，才能印象深刻，久久不忘。后来这样的体验还得到了复旦大学数学家李大潜院士的印证。他说，在复旦数学系学习五年，他得益最大的是陈建功先生讲授的"实变函数"课。① 也是因为他当堂听不懂，课后复习还要订正讲义中不少数学符号的印刷错误，功夫用得多、用得深，培养了能力，增添了信心。可见要真正掌握知识，没有自觉地下苦功夫是决不会成功的。黄子卿和陈建功先生都是名师、大师，他们以自己人格和学识魅力激发了学生孜孜不倦、攻坚克难的自觉性和积极性，就是最大成功！

不过从另一方面说，上述二例中要赞扬的还是两位名师所教的学生。是他们如饥似渴的强烈学习愿望和深入钻研的学风，那股学不好"物理化学"（"实变函数"）课就不配作为化学（数学）系学生的犟劲，使他们学到了经久不忘的深厚知识。这深入钻研的学风实际上就是他们不断思考的自主学习的能力。思考包括观察、比较、分析、归纳、综合、推理、演绎、举证、试错、检验、质疑等，从老师提出的事实、概念寻找它们之间的相互联系、因果关系，不断地发现问题、提出问题、解决问题，最后才能将碎片化的知识构成一个体系。这也可以说就是整理琢磨消

---

① 李大潜. 漫谈大学数学教学的目标与方法 [J]. 中国大学教学，2009（1）: 7-10.

化的过程，是需要头脑殚精竭虑地用功夫的。说穿了，这种思考的核心就是在学习中要体现"独立之精神，自由之思想"（陈寅恪语①）。

根据清华大学教育研究院对该校本科教学的学情调查②，我们中国学生与美国顶尖大学学生差距就在于我国学生普遍表现为学习的主动性与深度思维不足。这可能是中国基础教育长期受到"应试教育"的困扰所致，学生只是为了应付考试、取得好成绩而被动地学习，这就失去掌握知识的浓厚兴趣与积极性，从而对上课缺乏意义感和师生互动的活跃性。

这样的学习对于学生自己也是不快乐的。其实学生生活的幸福就应来自时时思索而产生"新知"的获得感。得高分当然也会使人愉悦，但归根到底那只是一种虚荣，一种外在的"身外之物"，而获得知识则是内在的，是生命

---

① 陈寅恪（1890—1969）是20世纪20年代清华国学研究院的"四大导师"之一（其余为梁启超、王国维、赵元任），是我国杰出的史学家，新中国成立后长期在中山大学任教。此语出于设于清华大学的陈寅恪所写的王国维纪念碑文。王国维（1877—1927）也是一位著名史学家、思想家，1927年6月2日在颐和园投昆明湖自尽，其原因众说不同，成为一个谜。

② 史静寰，文雯. 清华大学本科教育学情调查报告2010［J］. 清华大学教育研究，2012（1）：4-16.

成长的体现，才是真正的幸福。所以屈原会说："路漫漫其修远兮，吾将上下而求索！"

能力来自亲身实践

知识是这样，学生所具有的能力则只能通过他们的亲身实践才会得到。当然，能力也是建立在一定的知识基础之上的。比如，获得自主学习能力就要有相关的获取信息资料的知识，科学实验能力要有相关的仪器设备知识，交流能力要有使用媒体工具和符号系统的知识，国际交流还要有外语知识，等等。为此，学校通过开设相关课程等措施来帮助学生获得这些方面的能力。学校的教学计划安排了一系列基础课程和通识课程，包括语文、外语、数学、计算机与网络等课程，就是为了帮助学生取得掌握这类能力的知识。

但是更为重要的是，学校还要提供各方面的实践条件来帮助学生培育和锻炼能力。因此教学方案中就规定了许多作业、练习、实验、实习、实训等实践教学环节。此外，还要在课程之外给学生提供各种实践活动的条件，从图书信息资料、实验仪器设备、文艺体育活动场地设施，直到各种课外社团或社会实践活动的保障条件和措施，从而为兴趣、资质、才能、特长与经历各异的学生创造使他们充分展示才华、发挥潜能的舞台。所以大学教育决非仅限于教学计划之内的安排，学生的课外生活要远比课堂教学内容所涵盖的更为丰富多彩。通过这些实践活动，学生之间、师生之间、学生与社会和自然之间的频繁交流对话，他们会大开眼界，大长见识，大增能力的。

这些实践活动的舞台，也是学生自主学习的主要条件。西南联大可说是世界高等教育史上的一朵奇葩。它在抗日战争极端困难的条件下培养了一批具有世界影响的杰出学者（如杨振宁、李政道、黄昆等）和大量为我国战后发展建设创造了巨大功勋（如成功研制"两弹一星"）的人才。艰苦生活锻炼了师生"刚毅坚卓"（西南联大校训）的精神，学生们极其珍惜在此种条件下追求知识、追求真理的机会，在防空洞中向教师问学，以挤出时间打工来维持生计，在茶馆昏暗灯光下就着白开水读书，在拥挤漆黑的宿舍里热烈讨论科学问题，他们的全部知识和能力基本依靠自觉、自主、自助和自为。印度有个在大学排行榜上不算知名的印度理工学院,却被比尔·盖茨誉为"一所改变世界的神奇学府"。这是因为从这所学校走出了几十位美国金融、信息、航空等领域里的成功人士。这不是因为它能提供质量很高的课程教学,而是它给予学生以充分的实践机会和条件,使他们能如饥似渴、似痴似狂、全身心地投入到丰富多彩的课外活动中去,在那里他们培养锻炼了表达、交流、沟通、合作、组织、领导和竞争能力。正像他们的校友所说:"它教给你如何去学习;校园生活赐予你驾驭环境和生活的能力。"[1]所以办好大学,并不是只将课程教学活动组织好就行,而是要充分发挥学生的自主性和自助能力,让他们自己有所作为,真正展示自身的独立人格,自由充分地发挥其潜能。这样的人才能创新,有所作为。

上面说的,都是学习的一般态度与方法,其实,每个人的性格、才智与经历情况不同,如何真正具体地把握自主学习是要由每个人自己去探索、去琢磨的。应该说,每个人都有其独特的自主学习方法,绝不会有千篇一律的万

---

[1] 〔印度〕桑迪潘·德布. 印度理工学院的精英们[M]. 黄永明,译. 北京:北京大学出版社,2010:268.

灵药方来规范每一个人的学习。

不过也要说明的是,自主、自助和自为并非完全拒绝他人的帮助。上面说过,学习的一个主要渠道就是向他人学习。在学校里教师是学生学习的第一位对象。上面所说的只表示做任何事,包括学习,根本靠自己。但是事业能否成功,是否有一批人能和谐相处、合作共事起着关键的作用。所以善于与人沟通交流、团结协作,并具备一定的组织能力,不仅对于学习是重要的,而且还是成就一切事业的诀窍。自我与他人这两方面互相影响、彼此促进,就成全了人的生命成长与事业成就。美国哈佛大学文理学院的前院长罗索夫斯基曾说:"在哈佛,我常听人说,学生们从相互间学到的东西比从教师那里学到的东西还要多……我把它看成是对一个巨大的、多样化的、经过精心挑选的、才能出众的群体的赞美——作为一个群体,它给每个成员提供了个人成长的无与伦比的机会。"[1]所以,我们总是说,人是在人群中、在社会上成长的。学校就是一个小社会。

---

[1] 〔美〕罗索夫斯基. 美国校园文化——学生·教授·管理[M]. 谢宗仙,等译. 济南:山东人民出版社,1996:82.

五、自律、自省、自立

如果说，自主、自助、自为是要告诉我们应该学什么和做什么，应该怎样学和怎样做，那么，自律、自制和自省将告诉我们不应该做什么；也就是说，它给"自主"和"自为"框了一个范围，不那么"自由"了。

人是受约束的

人是动物，总有一些本能的要求。比如古人说，"食色，性也"，就是说食欲和性欲是人的两大本性欲求。但是作为人，这种欲求是不能随意行使而要求满足的，是要受到约束的。这种约束来自人对自然和社会的客观规律的认识与理解，这是人区别于一般动物，脱离兽性的重要标志。比如，水、火、雷电等自然现象，人知道它们是可以利用的，但在一定情况下又会伤害人，是要畏避的。这需要经验，动物也会这样。"初生牛犊不怕虎"，反映动物幼崽的无知状态。但人高于动物，在于人有理性，了解自然现象的性质和运动变化规律，能够科学地运用和改造它们。人还生存于社会，依赖于社会，所以还要知道社会公共生活的准则：要与人为善，不能损害他人和公共利益。因此，做人既要发扬独立自主的人格，又不能抱着"以自我为中心"的态度，要处处替别人着想，考虑他人的利益。这也是一种束缚和限制，但人能自觉地、理性地认识到这一点，并愉快地接受；而且人对周围环境的了解和懂得越多，知识越多，他们对自己的自觉限制也越多。这似乎是越不自由了，越不能随心所欲、无法无天了，其实这才是取得了真正的自由！

这种看似矛盾的现象恰恰表现出人是万物之灵的高明之处。要是人没有知识，在雷电轰鸣之际照样在旷野里尽兴歌舞，非遭击毙不可；要是在山火逼近时不赶紧撤离，势必遭受灭顶之灾。这里随心所欲的"自由"意味着无奈的灭亡，而适当的畏避却是明智的，反而得到更多的自由、真自由。这就是所谓"从必然王国到自由王国"，是通过人的自觉提升认识而取得自由的过程，反映了人类文明进步的历史。

事实上在人类发展中,违背自然和历史规律,肆意妄为的事情不断发生。他们不甘心于受到自然社会规律的束缚和限制,要打破这类"紧箍咒"。他们"无知无畏","胆大妄为",妄图冲决这些"框框",于是大呼"人类征服自然""人定胜天"的口号,提出"人有多大胆,地有多大产"的主观狂想。其结果是我们大家所共知的:受到自然规律的残酷报复,严厉惩罚。不过代际更替,人们往往难以吸取历史教训,"大跃进"的恶果还会一再重演!

人类试图凭着自己的意志来任意改造自然、支配自然的欲望,虽然有时候也能达成目标,但是却会面临极大的风险。其原因就在于人"吾生也有涯,而知也无涯"。虽然培根以其名言"知识就是力量"激励了无数人去追求知识,然而在大自然面前,其所拥有的知识和力量是微不足道的。恩格斯早就警告过我们,不要在自然面前过于狂妄,为取得一些小成绩(如毁林耕种、筑堤修渠、挖山铺路、改造物种等)而自以为可以成为自然的主宰。他说:"我们不要过分陶醉于我们人类对自然界的胜利。对于每一次这样的胜利,自然界都对我们进行报复。每一次胜利,起初确实取得了我们预期的结果,但是往后和再往后却发生完全不同的、出乎预料的影响,常常把最初的结果又消除了。"[①]他的这段话真是惟妙惟肖地预见了我国经济发展中一些自以为是的做派,造成今日环境污染、生态破坏、物种消失、灾害频发等恶果。笔者曾见过一个地方的改造沙漠,想当然以为植树造林是唯一妙策,结果多年之后反而成为难以改造的荒漠。其原因就是这块沙漠虽然气候干旱,但地下水充沛,植树后树根不断吸取地下水而快速生长,并通过浓密的树冠蒸发出去,结果是地下水位不断降低,直到树根够不着为止。几年后,树根吸完这水了,树木枯萎,沙漠就不可救了。所以"改造自然"必须慎之又慎,要对自然情况做出缜密周到的调研考察,积累长期的经验与智慧。人本来就是自然的产物,对自然只能怀着敬畏之心、以自律的态度慎重对待之。

---

① 恩格斯. 自然辩证法 [M] // 马克思恩格斯选集(第三卷). 北京:人民出版社,2012:998.

认识的有限

因此对于自然,我们只能以人类的智慧和理性去追求其真理,去了解其性质和发展变化的规律,通过对人的动物本性的自我束缚、自我节制才能取得"自由"的内在力量。对人类社会的态度亦复如此。自然和社会规律就是"天命",天命不可违,我们只能在追求认识其发展规律的基础上与自然和社会和谐相处!这也构成了我们建立世界观(宇宙观)和人生观的基础。

不过,人毕竟是自然的产物,而且处于社会之中。人就不可能跳出自然与社会之外去纯"客观"地考察和审视自然和社会。于是,人的认识只能是受局限的,是有限度的。这就是所谓"不识庐山真面目,只缘身在此山中"的效应。对于超出限度的问题,如无限与无穷,我们不可能得到科学的认知。比如,对于我们所处的宇宙,我们可以去探寻它的来源与结局,并可做出一定的科学推断。但是,我们的宇宙之外是否还有宇宙,有多少个宇宙?这样的问题就是"天问",不可能得到答案。这不是"不可知论"。人对于有限范围内的所有东西的本质及其规律最终都是可以认知的,即得到"是什么""有什么"和"为什么"的答案(其实它们都可以归结为一个"是什么"的问题,对于"有什么"和"为什么"可以变为问"这里的东西是什么"和"这里的因果关系是什么")。而且,人们还可去追求认识的极限在哪里,问个"能什么?":人最远能达到哪里,最小能感觉到哪里?人可以不断扩大这个极限,然而,人却不可能超越极限去认识"一切"。人永远达不到无穷远与无限小,去问那里有什么的问题。超过这个极限、包括人的身后事与来世等,人的认识就无能为力了。于是,只好凭推测与猜想,说它是没有根据,似乎也有点根据。宗教就这样产生了。无限与无穷,以及在社会生活中的善与恶和个人的命运,看来都还是有主宰:上帝或神明。科学与宗教就这样并存着,分别对待有限和无限的问题。而后者只能凭信仰。

自律也来自价值信仰

虔诚的宗教信仰往往伴随着畏惧或敬畏。相信宗教和上帝的人都晓得做人应该积德行善,你如果违反了,做了恶，就要受到报应。"善有善报，恶有恶报，不是不报，时候未到。"冥冥中有上帝或神明洞察你行为的一切，起着判官的作用。我小时候大人教导吃饭不能浪费粮食，浪费是一种"罪过"，要遭天雷轰击的。所以掉饭粒会捡起来吃了。这种信仰就是以个人行为与切身利害祸福相关联为前提的。劝人从善毕竟对构建稳定和谐的社会有好处，所以这种信仰具有积极性。

无神论者不信宗教，不信上帝或神明的存在，因为要严格证明他们存在的科学根据不足。而在人的社会生活中，由于人的处境不同，不可能像自然规律那样，对社会规律和善与恶的界限取得完全一致的严格认定。但是从保持社会的安定生存与和谐共处着想，多数人还是可以通过对社会生活的细致观察与积极思考，通过植根于人类万千年的生活积淀与深邃的理性思维，以及在文学、历史、艺术、哲学中传承下来的思想道德观念，在一些基本问题上取得合理的共识，从而建立起坚定虔诚的普遍价值信仰。这种基本价值观，包含了对人生意义和善与恶的认识。

自律、自制也来源于对人生意义的认识与价值信仰。前面提到过，信仰是人区别于一般动物的第一要素。如果上面所说的人因为自然社会规律而要自制、自律以取得自由多少还带点被动地求生存的意味，反映了人对自然力和社会力会加害于人的畏惧感，那么，基于信仰的自律、自制则属于更高级、更积极的层次，其目标是使人类社会更加文明和进步。

　　前文说过，价值信仰的核心就是"正义"二字。古希腊柏拉图的经典名著《理想国》的核心观念就是"正义"。美国哲学家艾德勒（M. J. Adler）在与芝加哥大学校长哈金斯（R. M. Hutchins）共同编辑了一套多达54卷的"西方哲学丛书"和有19卷的《伟大著作入门》后写了一本书，叫《六大观念》[①]。他说，哲学虽然很复杂，但基本观念就是六个：其中三个是"我们据以进行判断的观念：真、善、美"；另三个是"我们据以指导行动的观念：自由、平等、正义"。其中以"正义至上"，也就是说，"正义"是支配自由和平等的。"正义"又以"善"为基础，"对他人施以正义就是善行，行为正当，主持正义就是行善"。所以，"正义"指导你应该怎么做，不应该

---

① 〔美〕艾德勒. 六大观念［M］. 郝庆华，等译. 北京：生活·读书·新知三联书店，1998.

怎么做。这其中就暗含着"因果报应"的意思：你给人以恩惠与福祉，别人就应回报以利泽和奖赏。这就是一种对称或平等的权责关系。对人是如此，对自然亦是如此。从这种观念出发，珍惜粮食就来自对"谁知盘中餐，粒粒皆辛苦"的感悟，是对农民劳动的尊重。要是每人都能这样行事，个人存在就不会危害或妨碍他人，就不会违背集体利益或损毁摧残自然。而将"推己及人""己所不欲，勿施于人"这些行为准则推而广之，就构成了人类正确对待自然和人际关系的基本道德准则和法律条规。自律、自制就表现为社会责任心，要自觉对自身的行为有所约束和节制，服从一套道德与法规准则，绝不去做违背自然法则、损人利己的事！这样，一个遵纪守法、和谐共处的社会才可能形成。再推而广之，才能产生一个和谐国家，和谐世界！

由此可见，知识、道德和信仰都是人能够自律、自制的前提。法律和条规则将人对自然和社会规律的认识具体化为人的行为规范，成为自律、自制的依据。这再次证明能否自律、自制是人区别于动物的主要标志。

做人要遵守"底线"

除了对上述所说的"做人"的一般原则需要自律、自制之外，由于人总还生活于社会的一定群体之中，他们的民族习俗、地域宗教、行业界别、职司分工等的不同，每个群体界别都有一些特定的法条律例、道德规范，为本群本界的人所必须遵循而绝不能违反的。比如，为官应当以保障人民利益为己任，绝不能玩忽职守、贪赃枉法；经商的要诚信经营，绝不能投机倒把、坑蒙拐骗；做学问的应该以追求真理为天职，要以"独立之精神，自由之思想"来发现和捍卫真理，绝不能做那种弄虚作假的勾当；如此等等。这里各行各业、不同群体之间除了不少共同的规范以外，还有一些群体内必须遵守的、最起码的道德与行为律条，通常称为"底线"。那是绝对不能违犯的，不然就应受到严厉惩治，直至开除出该群体。在学术界，这就是学术规范。这里，必须杜绝的令人不齿的行为有：弄虚作假、剽窃抄袭、伪造数据、冒名顶替等；在科研项目申请、成果评审上则会出现徇私舞弊、吃请贿赂、托人讲情等；在学生中则有抄袭作业、考试舞弊、涂改成绩、假造证明等。当今利益至上、物欲横流的社会风气下,藐视公平、行贿请托、打通关节等"突破底线"的情况屡见不鲜。

为此,党和政府经过多次研究,特别提出了"社会主义核心价值观",用"富强、民主、文明、和谐;自由、平等、公正、法治;爱国、敬业、诚信、友善"24个字来表达对国家、社会和公民三个层面上的价值观要求。其中对公民的道德要求是:爱国、敬业、诚信、友善。这确实为中国人,特别是对青年学子树立了自律、自制的标杆。我还以为,其中"诚信"应是"第一位"的,可以说是我们做人的"底线"。市场经济中,物资交换就靠诚信,靠"契约"。可以说,没有诚信,就不可能构成社会。所以孔子说:"民无信不立。"[1]我们社会上坑蒙拐骗,卖"注水猪肉""地沟油"、假药曾屡见不鲜,就是有些人缺乏起码的道德基准。当下中国大学生中"诚信"和社会责任心问题多多,为社会所诟病,尤其需要特别注意。"诚信"应该成为当下大学生践行社会主义核心价值

---

[1] 论语·颜渊

观的关键,自律的主体。也可以说,"诚信"也是大学生的"底线"。只有做到诚信,学习才会实事求是,才会在工作中做到敬业乐群,在同学间友好相处。人如果没有诚信,哪里还会有社会责任心,能在事业、群体与社会上有所担当?所以,没有诚信的人是连当个普通公民都不配的。眼下经常见到毕业生签约之后违约,约好了的事情到时候临时缺席等。言而无信,如何合作共事,如何和谐相处?诚信也是在学校里抵抗学术不端的起码要求,舍此不可能建立起任何社会秩序。

一些人不能遵守"底线"与他们过于贪婪有关。他们总想处处得利,事事圆满,但又不肯拼命努力,冀图不劳而获。北大曾有一名学生,平时学习不错,还当上了系学生会主席。但毕业时一门功课考试不够理想,得了70几分,也不差了。但他仍不满足,觉得与其"面子"不相配,非得门门皆优不可。于是他凭着系学生会主席的"人脉",串通了一个教务员,硬是在成绩单上将"7"勾了一下,改成"9",于是该课成绩成为90几分。此事经教师发现,该生被取消学位资格。虽经他本人和家人向学校苦苦求情,要求从轻发落,但未能达到目的。要坚守

"底线"，光靠教育万万不行。对一些违反基本准则与纪律的人，必须严加惩处，绝不姑息。

自省与自立

要做到能够自律、自制，首先是要从读书和生活经验中去学习、去体会，做到明白事理。西方有句话："一个人一旦明白事理，就会做到诚实而有节制。"这里，文化素质教育或通识课程及经典阅读是十分有帮助的。其次，要经常对自己的行为做反思、反省。像曾子所说："吾日三省吾身——为人谋而不忠乎？与朋友交而不信乎？传不习乎？"[①] 这样，每天将自己所做的事过过电影，看看有没有违背规范律例的，有没有对不起别人的。并且要经常用一些典籍名著、民间格言中的内容等来进行对照。再次是要做，要行，要实践。古人说："立志言为本，修身行乃先。"自律、自省都属个人修身，首先要践行。而且，这种"践行"还要能从小事做起，"勿以恶小而为之，勿

---

① 论语·学而

以善小而不为"。只有这样兢兢业业、勤勤恳恳地去做，才会使自己达到很高的境界。

中国儒家的个人修养十分讲究"慎独"。《大学》中说："故君子必慎其独也。"所谓"慎独"就是在一个人独处、没有人监督与管束的情况下，还能严格要求自己，不做错事、坏事，自觉遵守公共道德与法制律例。这样的人行为做事不是给他人看的，为求得某种报偿的，而是自己内在的需要，是"凭良心办事"。一个人能做到"慎独"，是长期"诚意""正心"等修养的结果，而其中不断的自省、反思自己的所想、所为是首要的条件。做到"慎独"可以说是达到自我修养的最高境界了。

一个人能够自珍自惜，并且能够自主自助地独立进行学习，获得知识和能力，还能自己约束、控制、管住自己，经常自省，他就能自立了。"自立"就是能扎实地建立起自己的事业，是青年成长的重要标志。自立的人不会盲从，会自己掌握自己的命运，自立是事业成功的第一步。有的人，凭着一时的机遇，偶尔也可能取得很大的成功。但是无数实例证明，一时得逞者绝不能经受历史考验，最后会以失败告终。当然。自立并不排斥别人的帮助。一个人的事业是绝不能只靠单枪匹马的奋斗而获得成功的。但是正因为你能"自立",别人才会尊重你,并像众星拱月那样帮助你取得成功。

差不多一百年之前,1922年梁启超在苏州曾经对学生做过一个名为"为学与做人"的公开演讲[①]。他说,"求学"就是学做人。我想,一个人能够"做人"就可说他能"自立"了。他说,做人要具备三个条件,叫作"三达德",即"智、仁、勇",是人类知、情、意这三种心理状态圆满发达的体现。孔子说:"知者不惑,仁者不忧,勇者不惧。"[②]这就是说,有了丰富的知识,他做事就不迷惑了;而"仁者"就是具备完善人格,能与他人和睦相处的人,他就不会去计较成败与得失,就没有忧虑了;而"勇者"是有坚强意志的人,他既能不惑、不忧,又没有非分的欲望,就什么都不怕了。俗话说,"无欲则刚"。这样的人就能在社会上"自立"了。

---

① 梁启超. 梁启超集[M]. 郑大华,王毅,编注. 广州:花城出版社,2010:327.

② 论语·子罕

六、自知、自信、自强

世界是纷繁复杂的,现在光算人们从事的职业,按照《中华人民共和国职业分类大典》,就有1800多种。用360行来形容已经远远过时了。如果再加上世界政治、经济、科技、文化发展形势时时变更,社会上人际关系交叉纵横,人生道路是非常错综杂乱的。诗人李白曾喟叹:"行路难,行路难!多歧路,今安在?长风破浪会有时,直挂云帆济沧海。"我相信大家总有一天会"长风破浪会有时,直挂云帆济沧海"的。不过,你走上这一步之前,总还要选择一条直达大海的通路,才能使你"长风破浪",直达光辉的彼岸。

选择

在错综复杂、瞬息万变的社会中,在人生道路上,要能安身立命，找到适合于自己发展、能崭露头角的自处境遇，必须学会选择。一个人在关键的十字或多路道口，选择是否正确，往往决定人的一生命运。选择不当，不但难以做出优秀的成就，卓越的业绩，而且往往会归于失败。比如，红军长征途中如果不做出四渡赤水的决策，就可能全军覆没；杨振宁在美国如果继续攻读实验物理而不改做理论，就不可能成就后来的诺贝尔奖。

当今社会通信发达，交通便捷，信息繁多，给每一个人的选择的机会和条件十分丰富。但是能够做出正确选择却并不容易。这里的关键就在于"知己知彼"。兵法云："知己知彼，百战不殆。"

"知彼"，就是上面说的，对外部世界要知道应该做什么，不应该做什么。做到这点相对还比较容易。这里包括：对选择对象的情况要了如指掌，认识他人，认识周遭环境，认识自己所处时代及所赋予的使命。为此，首先要自主学习，仔细收集大量信息资料，进行理性、批判性的分析思考，能够在复杂的、瞬息万变的情况下做出正确的判断。"知己"就要了解自我，认识自己，做到有自知之明。

"知己知彼"才能审时度势,洞察周遭,了解环境,并以此根据每人的个性特点与天赋才能,通晓自己能够做什么,不能做什么,从而调适自己,把自己的个性特质和优缺点与选择对象及要解决的问题的性质、特点及程度做到恰当匹配与契合,就能得心应手,取得成就,使个人最大限度地在社会上发挥作用。

自知者明

所以要打好"选择"这个仗,更重要的是有自知之明,对自己有一个全面准确的了解。

但是,认识自我并不是很容易的事情。本文开头就引用过我国物理学发展的奠基人之一叶企孙先生说的"知己较知人更难"的话。叶先生的"知人"是有名的,他将一大批人引上了他们成才的正道,却还说"欲决定自己何种学问专长,以为将来专究之目的,极不容易"[1]。为什么理解自己那么难呢?还是那句话:"不识庐山真面目,只

---

[1] 叶铭汉,戴念祖,李艳平. 叶企孙文存[M]. 增订本. 北京:科学出版社,2018:292.

缘身在此山中";就是人难以将自己成为一个真正的认识"客体",人总会被一系列的主观意愿与情绪缠住,很难跳出去。

认识自我是要在认识他者(选择对象、达成目标、周围环境、关系网络等)的前提下,再反复、严格并批判性地审视、质疑、反思自己,全面了解自己的兴趣、爱好、性格、特质、专长、潜能,将个人的优缺点、强弱势跟要处理的事业和环境,进行比对匹配与调适,从而建立起相当程度的自信,游刃有余地应对纷乱繁复变动的局面。所以老子说:"知人者智,自知者明。胜人者有力,自胜者强。知足者富,强行者有志。不失其所者久,死而不亡者寿。"[1]就是说,了解别人固然是一种智慧,但了解自己更聪明、更高明;能战胜别人固然说明你强有力,但能战胜自己才更加果敢刚强。所以自知不但要有比较开阔的视野,通过回顾以往和今天的经历,能将自己与周围的人与事进行客观的比较和审察,而且还要掌握较强的批判性思维能力,对自己做严格无情的自省、反思与剖析。此外,

---

[1] 道德经·三十三章

对自己只能有适度的、有分寸的要求，不贪得无厌；坚强的意志，以及持之以恒的耐力也非常重要。这样的人才能正确估价自己，既不自卑，也不妄自尊大，能够摆正自己的位置，从而为社会、民族、国家，乃至全人类做出重要贡献而为人所长远记忆。这样，他的生命也就能无限延续了。这就是为什么古今圣贤都强调"自知"很难的原因，我们这些凡人更是要下一辈子功夫，去不断琢磨推敲才能多少掌握一点"自知"的诀窍。

锻炼选择能力

现在大学为了能对学生进行"因材施教"，也是为了能在求学阶段锻炼学生的选择能力，一般都在教学方案中给予学生以多次多种选择的机会与条件，像转院系专业、攻读主辅修、双学位、通识课、任选课等。还实施选课有个"试读期"等制度，有的甚至还给予特殊安排，允许制订个性化的学习计划，以及大量可以比较自由地参加的课外科技学术、文艺体育以及各式各样的社团与社会活动，使学生了解自己的特点、兴趣专长与个人的优缺点，适合于做些什么样的事。这些都是一所大学能够提供的优越条件，学生就可充分享用，尝试着学会知己知彼的诀窍。此外，阅读一些名人和成功人士的传记、日记，会起到很好的启示辅导作用。可是，当下有不少学生对学校赋予的优越机会和条件往往不愿、不善于或放弃使用，在应该选择的当口对自己采取不负责任的放任自流的态度：或"随大流"，或"跟着感觉走"。这是一种懒惰的、毫无出息的做法，极不可取。

人学会"选择"绝非一朝一夕就能奏效的，要通过多次的磨炼才能有所体会和觉悟。可是社会能够提供给你的选择机会不多，往往一次选错了，就后悔莫及，或许需要多年后才能纠正。所以一所好的大学会给予学生以"多次多种"的选择机会与条件。学生在这种过程中可通过"试错"的方法来达到真实与深入地了解自己的目的。越是好的学校，给予学生的这种机会就越多。因此，如果你不能充分运用这样的好条件，你就白上好学校了。你也就白白浪费了你力争进入名校的意愿和努力了。

自信是人格的核心

人有了自知之明,并能做到知己知彼,做什么事情就会有信心了,即做到"自信"。自信是成就自我与事业之基础,是人具有独立性的保证。因此人们常说:"自信是人格的核心。"我国的文化传统过于强调长幼有序、论资排辈,重视儒家"君臣父子"这一套的等级观念,以及"非礼勿视,非礼勿听,非礼勿言,非礼勿动"[①]等"礼俗",一般人往往在先辈、上司、师长面前抬不起头来,总是"遵命"。近代以来,由于屡遭列强欺负侵略导致积贫积弱,许多中国人缺乏民族自信,他们做事处处模仿别人,亦步亦趋地跟着西方国家走。现在我国许多地方,政府公用建筑造得像美国的白宫或国会大厦。其始作俑者不以为耻,反以为荣,觉得这样才"洋气",是"大手笔""大气派"。我想住在那里的人也会感到羞辱,因而只会庸碌地照章办事而不会有所创新的。我真想将出这种主意的官员名字刻在这些房屋的基座上,让它之后成为耻辱柱而不是功德碑,引起中国人警惕!像上面说过的波士

---

① 论语·颜渊

顿那家古老餐馆保持原始风貌的事大概在中国很难出现。在今天经济全球化形势下，一些名校力争建设"世界一流大学"。他们往往以国外一些市场化的"排行榜"指标体系为借鉴，丧失了在中国建设"世界一流大学"应该以将中国建成世界一流强国为目标的宏伟志向。这样就难免完全以西方大学为榜样，亦步亦趋地跟着走。这也是因为缺乏自信心，丧失了独立人格。我们亟须建立一种民族自信，特别是文化自信。

自信对于成就事业非常重要。我曾不止一次地听到中国科学院前院长，著名理论物理学家周光召院士说过，自信是取得科研成果的重要条件。有的人做学问浅尝辄止、半途而废，并不是真的遇到了什么克服不了的困难，而是自己信心不足，研究课题没有得到众人肯定或称道，就没有勇气和毅力去尝试；他们看他人脸色行事，不敢迎难而上，因而就"输在起点"。有了自信，才会有坚强的毅力，肯付出艰巨的努力。发明蓝色发光二极管（LED）的日本科学家中村修二不是名校出身，又无强大公司支持，不顾许多专家反对，凭着个人坚强自信，刻苦钻研、反复试验，终于利用普通设备，在一般认为不可能的氮化镓材料上实现了蓝色 LED，从而解决了 21 世纪的照明问题，获得了 2014 年诺贝尔物理学奖。当然，自信并不是平白无故地从天而降的，是建立在不迷信"常识"，既坚信自己力量，又对客观事物怀有极大兴趣、做了充分细致分析和理性认识的基础之上的。对自己所做的事毫无兴趣当然也谈不上自信。做自然科学研究没有对宇宙未知和科学真理的"狂热的追求"[①]和"路漫漫其修远兮，吾将上下而求索"的精神和劲头，也休想建立起坚实的自信，取得创新和发明的成果。

作为通识教育的一个内容，从 20 世纪 90 年代以后，美国哈佛大学就要求每个一年级新生都要阅读被誉为"美国的孔子"的爱默生（R. W. Emerson）的文章《论自助》（*Self Reliance*），并且必须参加与教师一起的讨论。这"显得有些'另类'，却真切地反映了哈佛教育的精髓"。他们这样做是要求学生"认识自我，相信自己的原则和判断，这些是受过教育的公民和社会领袖手中最有力的工具"；这体现"哈佛教育的最重要目标，就是培养一种

---

① 〔英〕弗朗西斯·克里克. 狂热的追求——科学发现之我见［M］. 吕向东，唐孝威，译. 合肥：中国科学技术大学出版社，1994.

有尊严和尊重人性的生活哲学观"①。爱默生的文章所论述的最主要的观念就是"自信",人有了自信才能真正做到"独立"。爱默生还说:"人要相信源于自己的思想,相信从自己内心深处认为适用的东西——这才是天才。"②由此可见自信对人格独立之重要。

自信需要激励

自信是需要而且可以通过教育来诱发、激励和培养的。教育心理学上有个"皮格马利翁效应"。有实验证明,人经过积极的暗示或期待可能超常地发挥出他的潜力和优势,从而表现得更为出色,取得更大成就。比如,一名学生如果经常得到老师和校长的赞扬,说他才华出众,将来会取得优异成绩。于是他就有比一般学生更强的自信和期待,学习工作更能舒畅地展现自己,几年后他果然表现杰出。这就是因为表扬、赞美和褒奖使他们建立起了更

---

① 〔美〕哈瑞·刘易斯. 失去灵魂的卓越——哈佛是如何忘记教育宗旨的[M]. 侯定凯,译. 上海:华东师范大学出版社,2007:231.

② 〔美〕爱默生. 爱默生人生十论[M]. 亦非,译. 北京:北京联合出版公司,2011:1.

多的自信，从而能比一般学生更能发挥他们的天赋才能。故而鼓励、表扬、启示和积极期待在教育上具有重要作用；而过于苛刻的要求，稍微有点疏忽和过错就受到猛烈批评，反复谴责，就会带来负面影响，使人泄气，丧失信心。因此，教育要以鼓励、表扬为主，批评、惩罚为辅。这样才会出现一种使大家生动活泼、心情舒畅、奋发向上的局面。在这种环境和氛围下，人们容易树立起自信心，产生攻坚克难的力量，以完成任务，创造奇迹。

前些年的中国教育，从幼儿园开始，就强调各种"评比"，用课程、技艺、活动等分类来将人加以比较，排出"1、2、3、4"的名次或等级来。这是最伤害人自尊心，使少数人洋洋得意，不知所以，而让多数人失去自信心的做法。我认为这是中国教育最糟糕、最丑陋的败笔，但又是最自以为是的一面。说实话，我这个老头从上小学"幼稚班"开始到研究生毕业，从未知悉过自己处在班上第几名，或哪门功课第几名。我也从未与同学比过。虽然，我听说过某某曾在一次全县会考中得了头名，我们小学校长大为得意。我曾暗下决心也要像这位同学那样，但我却从未有机会参加过什么毕业会考。当然，我也自知那门功课学得不如人家，应该努力追赶。我也曾经历过某位同学因某个课程学得出众受到老师的表扬与嘉奖而羡慕不已，而且自己也曾有过被表扬而得到激励的时候。不过我从未被排过名，因而学习上始终心态泰然，自知应在哪些方面更加努力。可是，当今教育使人完全陷于"分数"的陷阱中而不能自处。

当然，对于体育竞技等活动，通过竞赛评比分出高下，进行激励是必要的。人各不相同，互有长短与优缺点。某方面突出，另方面必有缺点。这类评比并不意味着人的整体高下，反而可以更加使人认识自己的特长与优缺点，在适当时机能对自己做出更好的选择。但是那种整体排名却不可取。

自信不是自负

自信的反面是自卑与自负。他们都是不能正确地、切合实际地摆正自己的位置，过于低估或夸大自己的认识和能力。这两种相反的倾向都源于同一错误：缺乏"知己知彼"的盲目性，而得到的是同一个结果——失败。

自卑的人过于看不起自己,觉得自己处处不如人,因而,应该能够办到的事,到他那里就办不成了。"自卑"固然来源于对自己的能力估计不足,但更重要的往往是因为过于看重"面子",怕一件事做不好影响"面子"而不敢去做。中国人"重面子"是一个丑陋的习性。上面说过,"面子"不等于"名誉"。过分重面子的结果常常是无所作为,丢掉了声誉。

相反,不少人过于自负,认为自己什么都知道,自高自大,自以为是,自不量力,唯我独尊。这种"自负"者往往是头脑简单、知识浅薄、思维不周,考察事物像"盲人摸象",只知其一,不知其二。这种人做起事来,往往无知无畏,胆大才疏,眼高手低,敢拍胸脯,似乎勇于担当。但真正做起来,由于考虑不够细致周密,多半会遇到原来想不到的问题,于是就一筹莫展,终归不能成功。

值得警惕的是,由于以上两者都来自不能"知己知彼",因此,"自卑"和"自负"往往一身兼任,一个人两者俱有。这是很有点讽刺意味的。

自强不息

自知自信就能产生自强。

我国著名哲学家张岱年认为：中国文化基本精神的四项内涵观念之一就是刚健自强。[1] 他说：儒家提出"刚毅""自强不息"的生活准则。在《周易·乾》中有"天行健，君子以自强不息"的话。人应当效法天地，像日月星辰那样运行不已。这称为"健"，亦即"刚健"，人做到这样就是"自强不息"了。

自强就是人能不断克服自己缺点，战胜弱势，弥补不足，充实自己；并能积极发掘自己的潜能、优势和力量，努力进取，奋斗不止，以求每日都能成为一个新的"自己"。这样的人每天都能吐故纳新，成为一个新人，所谓"苟日新，日日新，又日新"。所以他们才能应对各方面的挑战，并能愈战愈勇，"屡败屡战"，最后必能成就自我和事业。

---

[1] 张岱年. 中国文化的基本精神 [M] // 杨河. 北大学者思想实录（人文卷）. 北京：北京大学出版社，2008：1-2. 他的其他三项观念是：天人合一、以人为本和以和为贵。

自强者不唯上、不唯书、不唯众、不唯我、不唯风[1]，他不盲目自信，而在必要的时候能勇于或甘于孤立。而在人生事业的成功者中，鲜有一帆风顺、从未孤立过的。孤立不可怕，许多事是经受了孤立，才能"出众"的。上述中村修二就是如此。特别是在探求真理的过程中，一般说来，科学真理最初总是由少数人首先认识到的，开头总会受到多数人的质疑、嘲讽、反对。历史上因宣扬和坚持真理而遭受迫害牺牲的事例屡屡发生。但是，历史会最终证明他们所坚持的是正确的，是真理，是会被大众接受的，即使这可能已是他们身后的事了。所以，这种自信和自强是会冒风险的，需要有一种"牺牲精神"，而这种孤立则最终会被证明是"光荣的孤立"。所以北大前校长马寅初就将北大精神归结为"牺牲精神"，他在《北大之精神》一文中说："所谓北大主义者，即牺牲主义也。"[2] 他并以自己主张计划生育的"新人口论"的惨痛实践证明了这条真理。

---

[1] 汪永铨. 关于我国高等教育科学研究的几点思考 [M] // 陈洪捷，李春萍. 高等教育研究在北大——汪永铨教授的开拓之路. 北京：北京大学出版社，2018：178.

[2] 马寅初. 北大之精神 [M] // 赵为民. 北大之精神. 北京：世界图书出版公司，2008：18.

七、自由、自我解放

在自珍自重、自主自为、自律自省、自知自信这几个相互交叉衔接的自我发展层面的基础上，人就能达到"自爱"的最高层面——自由和自我解放。这也就是马克思所追求的理想社会中人的发展的极致——"每个人的全面而自由的发展"。

何谓"自由"与"解放"？

对于马克思的"全面"和"自由"这两个"发展"的形容词的解释，学界有不同的理解。张楚廷先生在《素质：中国教育的沉思》①和《教育哲学》②两本书中对"全

---

① 张楚廷. 素质：中国教育的沉思[M]. 武汉：华中科技大学出版社，2001：218-270.

② 张楚廷. 教育哲学[M]. 北京：教育科学出版社，2006：120-122.

面"概念有详细的解读和讨论,这里不一一加以转述。他的最主要的意思是说,这种"全面"并非教育方针中所一般表述的德智体、德智体美,或德智体美劳之类;也不是数理化、文史哲、政经法、工农医等学科专业的"全面",后一种全面是既学不到也做不到的。这"全面"是与人的发展密切结合在一起的,其实质是人的个性和潜能的完整发展。而人的个性即人格,它涵盖了人的全部天赋心理面貌,包括:性格、气质、才智、能力、兴趣、爱好等。从一定意义上说,这"全面发展"已经含有了某种"自由"的意蕴。马克思说过:"人的全面发展意味着自己的真正解放。"

"自由"当然不是随心所欲,为所欲为。我们一般将自由与必然和纪律对立起来,比如说,"自由是对必然的认识","从必然王国到自由王国";称不守纪律的人为"自由主义者";等等。这些都或多或少贬低了自由的意义,片面理解了自由。实现个人自由的一个必要条件就是你不能妨害他人的自由。你有权自由,人家当然也有权自由。否则,就谁也不能有自由。

从人的发展观点看,按照张楚廷先生的说法,"自由是人生命的标志,人获得自由的状况即他生命存在的状况,人对自由的把握力即他的生命力"①。这样，自由就是人能充分地、不受拘束地发挥自己固有本性的权利和能力。难怪马克思在讲人的发展的时候总是和自由结合在一起的。

英国教育家罗纳德·巴尼特（R. Barnett）在其名著《高等教育理念》的"中文版序"中说："最为重要的高等教育理念就是'解放'。这意味着对学生心智自由与自我赋权新水准的承诺。"他还说："当今高等教育的任务主要不在于把学生打造成为知者（knowers）……也不在于把他们造就为行者（doers），而在于更多地把他们造就为人，使他们在变幻不定的世界中能够深谋远虑，历经考验。"②按照我的理解，这种具有"心智自由与自我赋权"的人就是不仅是在身心、个性和潜能的各方面能够完整地、不受拘束地提升和发展的人，而且是能够在当今错综复杂、迅速变动的社会中，在面对无数严峻挑战中能够达到应付自如、游刃有余的境界，从而实现自身价值的人。这实际上就是符合马克思所说的"全面而自由的发展"的

---

① 张楚廷. 教育哲学［M］. 北京：教育科学出版社，2006：228.
② ［英］罗纳德·巴尼特. 高等教育理念［M］. 蓝劲松，译. 北京：北京大学出版社，2012：3.

人。而这样的任务不是一般的教育所能承担的,而只能是高等教育的使命。为此,我们需要对"自由"的观念做个稍微展开的讨论。

如何实现"自由"和"解放"?

要达到巴尼特所说的"解放"境界绝非轻而易举。首先必须通过顽强的学习而认识周围世界和大自然,在此基础上深刻认识自己,并将自己与环境契合,从而进入"应付自如"的阶段。按照巴尼特的理论,人的这种认识过程就是理性活动,而达致理性认识的手段被称为是"对话"。所以学习和认识过程就是通过一连串反复的人与认识对象的对话而取得对客体的认知,并加以实践。然后是认识者要跟自己对话,即通过深刻的自我反思和自我批判的过程与各种束缚或扭曲自己的力量进行挑战与抗争,摆脱它们而达到正确认识。巴尼特认为,由于当今经济与科学技术迅速发展,社会职业分工过于窄细,学科分支像井喷一样猛涨,高等教育给予学生的知识已经碎片化,不同学科有自己的范式和价值观,故学生所获得的知识已很难说都是客观的真理。这样就极大地增加了取得正确认识的难度。因此，他特别强调批判性思维，要建立具有批判性的审视和对话的能力，拥有自己的主张，并能坚持自己的主张。他将理性活动分为"奠基""启蒙"和"解放"三个层次。奠基是对一个人的思想和行为给出理由，启蒙是要对提出的理由进行深入质疑和反思，就是要通过一种自我认识和自我批判的过程，然后才能进入解放，即达到自我超越和自我发展的阶段。尽管这里的"解放"主要是对人的理性认识而言，但确实已与人的发展的"解放"十分接近了。也就是说，"解放"就是人对客观世界和自我认识与发展中达到了"自由"的程度，是最高境界。

从这段话看到，其实为了达到"自由"或"解放"，概略地还可分出两个阶段：首先是要在与错综复杂、变幻无穷的外部世界的"对话"中厘清其中之规律，即我们中国学者常说的"道"。然后是通过内心的深度感悟将这种对"道"的认识贯彻在自己的所有思想和行为中，从而做到超越现实的"精神"。我将这两个阶段看成是"自由"的"外物"与"内心"的两个阶段，从而得到完整的对"自由"与"解放"的解读。

当代学者陈怡通过对《庄子内篇·养生主》中三个故事的解读,对"自由"和人生意义做了深刻的阐释[①],很值得我们借鉴,这里我们转述一点该书中的意思。

对外物的"自由"

书中第一个故事就是大家熟知的"庖丁解牛"。一位姓丁的厨师居然能用一把刀在十九年里宰杀肢解了几千头牛,而刀还能锋利如新。所以,在宰牛解剖牛的活计上,他是达到炉火纯青、游刃有余、超凡脱俗的地步了。因为普通厨师一个月就要换一把刀,好的也至少一年换一把,他却一把刀用了十九年。这里的诀窍就在于庖丁纯熟地掌握了牛的生理结构,熟悉其肌肉、骨骼和筋脉的纹理。他不是随意切割和硬砍,而是用薄薄的刀片插入缝隙,顺着牛的生理纹路,动作有快有慢、有行有止,简直合乎音乐的节拍,让旁边观瞻的文惠君觉得十分神奇。这是因为,相比于其他厨师来,庖丁认识了宰牛的"道",从"必然王国进入了自由王国"。这种自由就是对外物的自由,是

---

① 陈怡.《庄子内篇》精读[M]. 北京:高等教育出版社,2013:85-104.

人实现自由的第一步。

不过对一般人来说，达到这一步也不容易。庖丁能成为"奇人"，而普通厨师所以做不到这一点就是明证。这不是简单靠"熟能生巧"的技艺就能达致的。这里需要大量"对话"，这就是用自己的感官去不断观察、感觉，用头脑去不断思索，要积累无数的经验教训才能达成。据说庖丁为此也是花了近20年的时间才做到的。

当今社会五彩缤纷、瞬息万变，在各行各业中真正能掌握其运行结构、变化规律就很不容易，我们在学习与工作中最重要的任务就是要努力下苦功夫，去寻找、摸索、探敲其中的规律，我们的思想和行为必须合乎"道"、遵循事物的规律，才能取得成功。否则就会南辕北辙，无功而返。

内心的"自由"与"解放"

西方名言"不自由毋宁死"，匈牙利诗人裴多菲的诗句"生命诚可贵，爱情价更高。若为自由故，两者皆可抛"在中国脍炙人口。上面说过，一个人能不能"自由"，主要还不仅在于自己要用心认识周围的他人与事物之"道",更重要的还是认识"自己",取得内心的"自由"。关于这个问题,《庄子内篇·养生主》中有第二个故事"公文轩问右师"。

这个故事说,右师是一位宋国的大臣,因犯过错受刑而失去了一条腿。公文轩问他为什么只有一条腿,是天生的还是人为的?右师答:是天意,不是人为的。人应该是有两只脚的,我却只有一条腿,这是天定的。但是他能超越生活上的艰难困苦,"安之若素"地认命了,就照样过得很自由。他还比喻说,泽雉(水田里的秧鸡,平时单腿独立)走十步啄一口食,走百步喝一口水,似乎生活十分艰难,但比关在笼中不需觅食的却强多了。

因为它有自由。这使右师能对丧失一条腿泰然置之,而却充满了内心自由,精神上的自由。

我国思想家梁启超在100多年前对此也已有所感悟。他在《论自由》一文中认为"自由"的对立面就是被奴役,即"奴隶"。"自由"有政治上、宗教上、民族上、经济上的等诸类,在这些方面不自由、做奴隶,就是被他人奴役。在"不自由毋宁死"的口号鼓舞下,经历上百年、几百年前仆后继的抗争,被奴役的人终究可以取得胜利,获得自由!但是有一种自由,是自己对自己的"自由",它对应于自己奴役自己,自己是自己的奴隶,他称之为"心中之奴隶",这就没有办法了。他说:"一身自由云者,我之自由也,虽然,人莫不有两我焉,其一,与众生对待之我,昂昂七尺立于人间者是也;其二,则与七尺对待之我,莹莹一点存于灵台者是也。……是故人之奴隶我,不足畏也,而莫痛于自奴隶于人;自奴隶于人,犹不足畏也,而莫惨于我奴隶于我。庄子曰:'哀莫大于心死,而身死次之。'吾亦曰,辱莫大于心奴,而身奴斯为末矣。夫人强迫我以为奴隶者,吾不乐焉,可以一旦起而脱其绊也,十九世纪各国之民变是也。以身奴隶于人者,他人或触于慈祥焉,或迫于正义焉,犹可以出我水火而苏之也,美国之放黑奴是也。独至心中之奴隶,其成立也,非由他力所得加,其解脱也,亦非由他力所得助。如蚕在茧,著著自缚,如膏在釜,日日自煎。若有欲求真自由者乎,其必自除心中之奴隶始。"[1]

所以真正的自由就是自己解放自己,实现自我价值。

---

[1] 梁启超. 论自由[M]//陈书良编. 梁启超文集. 北京:北京燕山出版社,2009:179.

我们要做自己喜欢做的事，做自己能够做好的事，而不做名誉、地位、钱财等身外之物的奴隶。这里需要恰当选择，选定了，就得奋力拼搏发挥出自己所有的优势和潜质，把事情做得最好，为社会做出最大贡献！我们绝不能被名利缠身，瞻前顾后。须知富贵不能给人带来幸福，而实现人生价值，也绝非流芳百世。杜甫有诗曰："尔曹身与名俱灭，不废江河万古流。"

这里还需要指出，"自由"是属于自己主观的体会与感悟，是自己努力与争取得到的，没有人可以恩赐给别人以"自由"。现在某些领导人打着"解放"的旗号，要给一些落后地区的人民以"幸福"和"自由"，例如，将当地居民强行从山区迁移到平地，彻底改变人们的生活方式。这种自以为是的主观做法恰恰是妨碍了他人的自由，造成了人们的内心痛苦，甚至造成罪孽。因此，所有涉及人的举措，必须考虑身临其境的人的切身感受、利益，特别是"自由"！

自由和文化

由上所述可见，求得个人自由主要在于自我修养，但这种修养又不是一个人关起门来就能做到的,而是在与他人的关系中,在与周遭环境中磨炼出来的。这就不能不涉及社会、民族和国家等,从而不能不涉及文化,按照费孝通所说,文化最简单的定义就是"人为、为人"四个字①,后来他又加了一个"天人合一"的条件。因此,文化就是世界上人造的一切,不过是有利于人类生存和发展,即是"为人"的。所以文化的本质就是人类生命的体现。

文化是人类几千年来生活经验及其成果凝聚的结果,它体现在先哲先贤撰写的大量经典著作中,显示在文学、艺术、建筑和工程设施中,也呈现在人们日常习俗、礼仪、各种活动与制度中。人是群居的,"一方水土养一方人",不同的社区、职业、阶层、族群、地域、国别都会有一些不同的"亚文化"。同样,由于生产与生活技术的进步,几十年、上百年前后,人类历史上不同时期生活方式的差别也很大。当代科技发达,通信交通非常便利,不同国别地区的人交流沟通十分广泛频繁,显示出一种全球化的景象。这也使人们的生存环境变得从未有过的复杂纷

---

① 费孝通. 文化论中人与自然关系的再认识 [M] // 费孝通文集(第十六卷). 北京:群言出版社,2004:22.

繁，人们在工作、事业上要有所成就，就得具有宽阔的全球视野、深度的历史前瞻和广博的知识素养，这样才能应对繁复环境提出来的各种问题，达到真正的应付自如和自由。也就是说，当下的人要在多样化的文化氛围中生存与发展。

身为中国人，我们在主要以农耕为生存方式的几千年历史长河积淀下，养成了与天地和谐相处、勤劳刚毅的习性与传统。并且在与内部及周围各民族错综复杂的交流沟通中练就了一种能"择优而从"的包容态度和气质。这种崇高的品格使我们民族能在不断变化的时代演进中既保持自己的优势，又不局限于自己固有的习性而持续地去汲取异类文化的长处。正是这种包容性使中华民族成为世界上几千年来从未中断过文化血脉的、独一无二的民族。所以当下中国人也要在继承民族优秀传统的基础上，怀着充分的民族自信心而取得自由和解放。这样的人会力图在知识结构和学养上朝着"三通"方向发展。所谓"三通"就是：古今融通、中西汇通和文理兼通。这"三通"和前面说过的智、仁、勇"三达德"相结合，就成为当代"通达"之人。这样的人就是在当今中国能达到自由和解放的人。

自由与实现人生价值

上面关于自由和解放的理解可以用来阐释作为人，特别是当代中国人发展的"自爱"的最高层面。事实上，通过自珍、自主、自律和自知，学生能独立自主地达到"知己知彼"的境界，就接近了自由和自我解放。真正取得自由和解放则还要反过来重新进入认识对象——环境，即周围社会和自然，并将自己与其磨合匹配，付之于实践，取得成就，实现自我价值。这要有一种选择。选择就是要摆脱或控制约束自己和扭曲自己的各种力量，包括自己在知识、能力、性格、习惯和专业等方面的弱势与缺点，而对自己的强势与优点却能充分调动与运用。这样就可以做到扬长避短，发挥自己最大的潜力和可能性，就能应对复杂变幻的世界。而当选择还不足以应付瞬息万变的现实环境时，我们还能够调适自己，甚至改造环境，实现创新。这样就能最大限度地发挥自己的作用，实现自我价值。这样的高等教育也就达到了自己的最高目标——"解放"，实现了人的发展的极致——"自由"。

在上述《庄子内篇·养生主》中的第三个故事是"秦

失吊丧"。它说的是老子去世时有一个叫秦失（读作"yì"，佚）的人去吊丧，大哭三声就走了。老子的弟子对他不以为然，认为过于简单，是"失礼"。秦失说，老子应时而生，顺时而去，是符合"天命"与自然的，他取得了"自由"。我们要做的是将他的价值生命传下去，做到"薪火相传"，这样就能真正实现他的人生价值了。①

　　显然，要做到所有这些，轻而易举是不可能的，必须勤勉刻苦，倾全身心之功力才能奏效，所以张亨嘉强调要"努力自爱"。这"努力"既体现了他对学生的自主自为、奋发拼搏精神的热情要求，也涵盖了他要学生具有宽阔视野的、批判性思维学风的竭诚勉励。同时，这也对怎样办好大学提出了严苛的期望和挑战。

---

　　① 关于实现人生价值，钱穆先生的《人生十论》很值得读一读。其中有一篇《如何完成一个我》，得出一个"真我"的观念："所谓'真我'者，必使此我可一而不可再。""仅有此一我，可一而不可再。故此一我，乃或为旷宇长宙中最可宝贵之一我。"他说："这样的仅此一我，是人人都可成为尧舜的"，是当时当地符合其身份情况，别人做不出来的"尧舜"。其他多种论述也很值得学习借鉴。——编者

八、结束语：自爱与博爱

上面我们对张亨嘉所说的"自爱"做了全面阐释，这或许已经远远超出了他当时的想法。但是，将"自爱"理解为追求人的自我发展，似乎并未脱离他的本意。正是基于这一点，我们才展开了这样详细的全面解释。

不过，他首先说的还是"为国求学"，所以他将落脚点是放在了"为国"的。在他看来，学生"自爱"，得到健康而充实发展的目的是为了能够更好地报效国家。儒家经典《大学》所说的大学"三纲领、八条目"就是"大学之道，在明明德，在亲民，在止于至善"，及其"格物、致知、诚意、正心、修身、齐家、治国、平天下"。其中说的无非就是这"自"与"国"两者是直接相关的。孟子说过："'天下国家'，天下之本在国，国之本在家，家之本在身。"① 所以国家之本在于民，只有每个人自己能够安

---

① 孟子·离娄上

身立命，国家才能发达。而上面我们论述自珍、自主的时候也都提到过，当人作为主体与群体和客体相处的时候，这"人"或"自我"就不是绝对的，而是相对的。人是社会性的生物，要活在世上，无论做人、做事，总是要处理个人（自我）和他人以及周围环境，亦即社会、民族、国家、世界、全人类、大自然、整个宇宙之间的关系。个人与对象之间就有一种对等或平等的合乎正义理念的关系。你要自珍、自主，别人也要自珍、自主。因此真正自珍、自主的人，能正确对待"自我"的人一定也能够推己及人，做到正确对待他人与周围环境，做到爱护、尊重、珍惜他人，从而实现爱人、爱国、爱世界、爱自然的伟大胸怀。这与我国儒家"老吾老以及人之老，幼吾幼以及人之幼"[①]的"博爱"思想完全吻合。所以，会"自爱"的人总能融入社会，做到"爱他"与"博爱"，从而使教育中追求人性和追求社会性的目标结合与统一起来。

不过，这里确实也有个教育以"个人本位"还是"社会本位"为主的问题，即"人本"还是"社本"问题。这亦即人的发展的出发点和落脚点是为人本身还是为社

---

① 孟子·梁惠王上

会。两者是有区别的:"人本"将人的发展看成是第一位的,而"社本"将社会看得高于个人,人的发展要适应于社会发展,并为后者服务①;因而人成为"工具",或成为国家大机器中的一部分(甚至是我们过去常说的"要做一颗永不生锈的螺丝钉")。显然,张亨嘉是将国家放在第一位的,他的"为国"不仅是为了清王朝,而且是为了使这个屡遭欺凌屈辱的国家富强起来,是"救国"。他当然是将国家与社会和人民看成一致的,即国家代表社会、代表人民,体现人民的意志。因此这两个"本位"似乎是可以兼容的,目的与工具是可以互换的。但一般情况并不是这样。就普遍情况而言,正如马克思所说的:"人的本质……是一切社会关系的总和。"②所以,人总是与社会密切关联的。对于不同的人,这种"社会关系的总和"是不同的。对一些人,这种关系的总和是有利于他们的发展的;而对另一些人,这种总和对他们的发展却是起着束

---

① 杨德广. 高等教育"适应论"是历史的误区吗——与展立新、陈学飞商榷[J]. 北京大学教育评论, 2013(3).
② 马克思. 关于费尔巴哈的提纲[M]//马克思恩格斯选集(第一卷). 北京:人民出版社, 2012:135.

缚、阻碍，甚至破坏的作用。对现存社会体制中的多数人，也许他们力图将自己塑造成能够与体制相配合、相适应的人，从错综复杂的社会关系的缝隙中去寻找自己的发展空间（当下坊间出现的许多类似《怎样成为一名成功人士》那样热销的"励志书"就是满足这类人需求的，但他们只是赤裸裸地追求功名利禄，这与我们所说的人的发展有天壤之别）。而对于少数人，他们可能不甘心于屈从现存的社会体制，而当他们坚定地意识到现存社会体制已成为多数人发展的桎梏时，他们会成为社会的叛逆者、革命者，像当年的孙中山、毛泽东那样。当然，他们可能仍然只是工具，社会发展、人类进步的工具，历史的工具。对此的裁判不是靠现实法庭，而是历史法庭。

我个人以为，"人本"和"社本"并不是一个"鸡生蛋或蛋生鸡"那样的问题，根本出发点应该"以人为本"，固然每个人都依赖于社会，"国家好，民族好，大家才会好"，但毕竟社会是由人组成而为人服务的，每个人好了，社会和国家也才能好。两者是互为因果的。在社会还没有充分发育完善的时候，特别是当一种成熟的社会体制面临破坏、一种新兴的较好的社会体制正待建设和完善的时候，以及从社会管理者来看，在教育中强调社会高于个人的"社本"观念，如我国教育方针提出要使受教育者成为"社会主义事业的建设者和接班人"，有其历史的合理性，无可厚非。但是，我们所要追求的理想社会状况就是马克思和恩格斯在《共产党宣言》中所宣告的"每个人的自由发展是一切人的自由发展的条件"①。正如我国社会学家、历史学家陈序经先生曾经认为的：从古希腊的柏拉图、亚里士多德到中世纪的欧洲耶稣会，直到近代的社会学家像涂尔干等人，都主张社会比个人更重要，个人是工具，社会发展才是目的，但是"从文化的发展与进步来看，或是从文化的模仿（可理解为'传承'——引者）与创造来看，个人所占的地位，比之社会尤为重要"②。我想这种看法还是比较公允的。从这样的观点看，现行《中华人民共和国宪法》第四十六条的规定"中华人民共和国公民有受教育的权利和义务。国家培养青年、少年、儿童在

---

① 马克思，恩格斯. 共产党宣言［M］//马克思恩格斯选集（第一卷）. 北京：人民出版社，2012：422.

② 陈序经. 文化学概观［M］. 北京：中国人民大学出版社，2005：368.（原文发表于20世纪40年代）

品德、智力、体质等方面全面发展"是更为严谨和确切的。我们强调依宪治国，似乎更应该按照这种说法，而不必对"人"加上带有功利和工具色彩的身份限制的定语。

以上所说再次证明，高等教育目标就是要追求人的个性与社会性和人性与工具性的完美统一。而我们作为"求学"者，就应当依循着这样的目标将自己打造成这种理想目标的自觉实现者！

> 本文首发时根据2014年9月19日在哈尔滨工程大学"启航讲坛"上的演讲整理，成书时在2019年7—8月做了修改补充。
> 载郭大成、庞海芍主编：《素质教育与大学教育改革——2015年大学素质教育高层论坛论文集》，高等教育出版社2015年版，第237-263页；稍有删节载《高等教育管理》2015年第9卷第3期，并收入王义遒：《中国高等教育：多样化与教育教学质量》，高等教育出版社2016年版。

论求学

上文提到，1902年复校后成为单纯高等教育机构的京师大学堂（北京大学前身）首任总监督（相当于校长）张亨嘉在就职典礼上对学生所说的八字训词："为国求学，努力自爱"揭示了两大区别：中西大学办学主旨的根本区别和大学与中小学学习的原则区别。

这两大区别说明，中西大学的办学宗旨有"社本"和"人本"的区别。这"社本"就体现在"为国"上。张亨嘉所指的"为国"当然是表示要效忠于清王朝。但是，这"国"终究主要应是指领土疆域及其所承载的全体人民。当朝廷已不能保护人民，并只为皇帝和少数权贵施威和鱼肉人民，并让列强任意宰割与瓜分领土的时候，进行革命推翻这个朝廷未始不是"为国"的表现。所以我们也可理解，这"为国"最终还要落实在人民身上，是能为保护人民健康幸福地生活与成长的国家。这样，"社本"与"民本"就统一起来了。

那么,大学生究竟应如何"求学"呢?上文对上大学与接受基础教育的区别做了一点原则阐释,本文则对上大学"求学"做一点展开来的讨论。

我们认为,办大学,或学生接受高等教育的最根本目的,就是要使我们培养的人才能促进我国国民和民族素质的提高,促使我国经济发展和社会进步,使21世纪中国在世界物质财富和科学文化等精神宝库中占有更多的份额、更大的比例,使华夏民族能屹立于世界文明的民族之林。

这个问题当然富有时代意义。几百年、一百年以前的人才培养与当下的人才培养相比,当然会有很大差别。当前我们正处于中国特色社会主义建设的新时代,其特征是:要承前启后、继往开来,全面建成小康社会,努力实现中华民族伟大复兴的中国梦;社会主要矛盾已转化为人民日益增长的美好生活需要与不平衡不充分发展之间的矛盾;人民要求具有更多的获得感,不仅在物质文化方面,而且在民主、法治、公平、正义和环境、安全等精神文化方面也有强烈要求。

当今世界,科学技术迅猛发展,交通通信异常便利,世界各国人民之间的交流日益发达。世界已经变成了一个小小的"地球村"。在这样的世界里进行高等教育,我们不仅要考虑时代的变迁,要将人类几千年的文明成果继承下来,并加以传播、发扬和创新,而且要以全球化的视野来对待当下发生的一切事物,不但要考虑本民族的利益,还要想到别的民族怎样看问题,照顾到全球各族人民的共同利益。科学技术发展还使我们的日常生活几乎离不开新科技知识,人们既需要学会理性思维,也要学会形象思维,使科学与人文、物质文明与精神文明紧密结合。因此,当代人必须具备"古今融通、中西汇通和文理兼通"的"三通"本领,成为新时代的"通达"的人。

因此,讨论当今大学生怎样"求学"的问题就不能不想一想我们今天的时代与一百多年之前张亨嘉任京师大学堂总监督的时候有什么不同,高等教育要有哪些变化才能适应新时代和将来世界变化的需要?因为教育是为将来、而非为当下的事业,我们要做必要的预测。当然要预测百年内世界的变化是很困难的,只要看看20世纪这一百年来世界发生了多么大的变化,中国发生了怎样天翻地覆的变化,一百年前的人大概是很难预料的。这一百年我国建立了近代的高等教育。如果说1898年北京大学的前身——京师大学堂的成立标志着中国近代高等教育的开始，那么七年后，1905年科举制度的废除意味着中国告别了1300年来人才培养与举荐的制度。这是19世纪末20世纪初中国教育制度的根本转变。在新的世纪转折中，我们期待高等教育会有什么样的重大转变呢？为此，我们需要审视一下教育赖以生存和为之服务的中国和世界社会一般的发展和变化，看看哪些因素对高等教育的发展会产生重要影响。

一、影响世界范围高等教育变化的若干因素

我想，下列这几个因素大概会对21世纪世界范围的高等教育产生普遍的影响。

1. 科学技术突飞猛进，职业生涯变化频繁

据统计，世界物质财富大约以每十年增加20%—25%的速度增长，这种增长主要依靠科学技术。精神财富的增长怎样衡量，似乎没有统一看法。有人根据科学论文的篇数、图书出版的册数来判断，不是很精确，据说现在大体上是每五年左右翻一番。可以说，科学技术是以加速度、成指数发展的。有一些科技领域，如信息科学，按照摩尔定律，计算机芯片大概18个月性能就会翻一番，估计知识的半衰期只有三年，三年以后相当一部分知识就老化了，不适用了。科技的迅速发展使产业结构、产品结构、生产工艺

和劳动内涵很快调整、变化。如电信事业，今天电报已经没有了，传真（FAX）也几乎消失，移动电话、手机微信、电子邮件（E-mail）、可视电话等发展起来。铁路交通，都是开火车，但从蒸汽机车，到内燃机、电动机，直到动车、高铁、磁悬浮，劳动内涵发生了很大变化。而人工智能、量子调控、纳米工程、生物技术、精准医学，以及各种"互联网+""物联网+"的加入，产生了许多新产品、新服务、新职业以及经济运作的新业态、新模式。所以国际高等教育界有人提出，新世纪人们将没有职业观念，而只有项目观念，人们今年从事这个项目，明年参加那个项目，没有固定职业，因而也无所谓职业教育。这种意见没有为广大教育工作者所接受，人们普遍认为，一定的职业分工还是必要的，适当的专业训练不会消失，如医生、建筑师等分工与训练总还是会存在差异的。但上述意见至少反映了21世纪人们的职业分工不会很稳定，工作内容的变动将会很频繁，会产生许许多多今天想象不到的新行业、新工作，这对教育将会有深远影响。至少由于人们的工作岗位频繁变动（有人统计过，在美国，一个人的职业周期一般只有六年），高校学习绝不是一劳永逸的，终身学习将是一切人能持续顺利工作的前提。

2. 学科专业分化更细，交叉综合成为趋势

随着人类积累的知识越来越丰富，科学技术发展的基本趋势是越来越分化，越细密化。就以物理学科为例，大概每隔十四五年，其分支学科的数目就翻一番，约每50年，分支学科就增长了一个数量级。这是一个十分可观的数字。其他学科的情况估计也类似。这说明一方面，人们的专业分工将会非常狭窄、精细，使人往往隔行如隔山。此外，许多简单的体力和脑力劳动，乃至比较复杂的逻辑推理的思维都可由机器来代替。任何一件工作的劳动内涵将越来越程序化和专业化。由于大量较为浅易的问题已被解决，要进一步回答许多科学问题都需较专较深的知识。另一方面，一些带有系统性的科技工作，如大规模集成电路，就要既懂得半导体物理、电路原理，还要深入了解微电子学及其工艺，这些都是相当专、深的学问，还需将它们综合起来加以应用；至于许多大型工程任务、科学课题、社会问题的解决，更必须有多方面的专家，多个学科人员

的共同努力才能完成。大工程，如高铁系统、航天设施，不仅涉及许多科学与工程，如地质、水文、土木、天文、数学、物理、信息、机械、动力、自动控制等，而且关系到环境、社会、经济和政治等许多自然、社会和管理科学，必须动员组织各方面专家来"会战"。又比如像生命起源、人脑机理等问题，也不是光靠生物学家就能解决的，还要有哲学、数学、物理、化学、信息、心理、伦理等方面的专家，甚至天文学家参加。中国可持续发展问题，就需要几乎全部自然科学、社会科学和农、林、工程技术学科共同参与。这样，一方面是分工越细，越专业化，另一方面是具体工作越来越交叉、综合、整体化，这样一种矛盾统一将主导21世纪科学技术和整个社会的发展。在这种工作中，人们强调"合作"与"专精"并存，一方面要求不同行业的人们能彼此尊重、相互理解，以便取得最佳的协作效果；另一方面，又要在自己专精的行业里，能发挥"人无我有"、独一无二的作用，从而取得创新的成果。而要做到这一点，没有"包容性"与"深沉性"相结合的文化与专业修养，是决计不能完成任务的。

3. 环境资源严重破坏，人与自然必趋和谐

20世纪科学技术发展给人们带来了高度繁荣的物质生活，但同时也导致环境污染、生态破坏、资源枯萎、物种消灭等弊病和灾害。人类活动对全球气候的影响已经明显：温度上升、冰山融化、海平面升高，某些岛国即将遭受灭顶之灾。所以现在人们不得不考虑科学技术发展所产生的危害，希望克服它的消极影响。我们对单门科学技术带来的利益及其可能产生的副作用还比较清楚，但对它们的综合效果却难以预计。科学技术还未能完全解决人类持续发展的问题，人和自然的关系还比较紧张，人类还不能完全认识到自己的活动对自然、对后代将产生什么样的影响。人类必须逐步解决这个"无知"的问题，使人类和自然和谐相处，共同繁荣。季羡林先生说过，20世纪五六十年代非常流行的口号"人类征服自然"应当受到批判。这是很深刻的。恩格斯早就警告过人们，不要在自然面前过于狂妄，以为可以成为自然的主宰。他说："我们不要过分陶醉于我们人类对自然界的胜利。对于每一次这样的胜利，自然界都对我们进行报复。"上述这些环境

灾难就是明证。人们应当永远感激大自然对自己的养育之恩，绝不能以大自然为敌，把它看成是人类可以无限攫取的对象，这样势必遭到大自然的惩罚。另一方面人们过度追求物质生活，使人文道德衰落，精神生活颓废，社会上犯罪、暴力事件频发，弊端丛生。地球难以承受77亿人口的奢侈生活。人们开始反思，追求有高度精神文明的、高雅和谐的社会。回归自然，追求"天人合一"、人文与科学融合逐渐成为主导的诉求。当下生产中绿色、环保，清洁能源、资源循环利用已成为常规要求，反映了人们期待建立合理的生产和生活方式，造成一个和谐地球的良好愿望。现在美国已出现的重新回归家庭的倾向，也代表了这种趋势。

4. 竞争非常激烈，合作更加需要

在市场经济条件下，竞争是促进技术发展、效益提高、经济繁荣的手段。由于资源有限、机遇不多，人际、国际、企业间、行业间的竞争将非常激烈。但是完全无序的竞争也将造成资源的浪费和破坏，使竞争双方两败俱伤，对持续发展十分不利。因此竞争各方将逐步协调,制订必要的竞争规则,这就意味着竞争中包含着合作。事实上,为了对付更大更强的竞争,企业间合作的事例已层出不穷,一些大的企业集团正是这样应运而生。国际社会既竞争又合作的事例也比比皆是。经济合作与发展组织(OECD)、世界贸易组织(WTO)就是这样产生的。新经济在全球范围内出现了从"产业内分工"进一步发展到"产品内分工"的现象也可说是这种合作的一个例证。例如,即使是做一件个性化的高档服装,从互联网上取得的几张视频图片,就可设计出在各种活动中合身的衣服,而面料可从印度购买,纽扣靠日本承包,拉链从韩国定制,自家只需提供设计和制作,甚至设计都可以外包。科技发展,世界变小,地球上很多问题都可通过国际合作来解决。世界联系越紧密,很多看来是局部的问题都会带来全球影响。环境问题就是明证。所谓"蝴蝶效应"说得未免过于玄妙:欧洲一只蝴蝶抖抖翅膀,会在太平洋发生台风。但一个中国学生得病,引起全世界关注的事已在互联网络中发生。所以,国际上除了有激烈竞争一面外,还会出现互相合作、彼此协调、共同来营造小小的地球村的局面。

5. 差距在扩大，调和在努力

市场经济条件下由于人们力促利益最大化，发展不平衡的现象事实上在不断扩大。从世界上看，发展中国家正在持续壮大，在经济、政治和文化上努力追赶发达国家。但是我们也要看到，某些发展中国家的经济地位实际上却在不断下降，变得更为贫困与落后。我国经济总体上有很大增长，成为世界上第二大经济体。但是仔细看来，发展也是很不平衡的。改革开放后的四十年，虽然中央政府采取了诸多政策措施，但实际上我国在地区贫富差距，以及文明与发达程度等方面差别还是在扩大。科技越发达，劳动中智力因素对于高文化水平的人越有利，而对文化水平较低的人口却是极大威胁。这是市场经济条件下人们趋利避害的自然结果，但它对国家的整体发展绝对不利。要摆脱这种境况，光靠一些强制措施，如从老少边穷地区迁移出人口等，往往不能从根本上解决问题。解决这些问题，不能单纯从国家经济和政治上来考虑，还要照顾到当地民族、习俗和文化上的诸多因素；也不能光从某些领导人主观的幸福意识出发，而要以当地人的实际获得感和幸福感为依据。不过要看到，尽管差距在自然扩大，但弥补的机遇仍然存在，后来居上改变命运的机会也会不时产生。问题是我们要敏感地去发现机遇、掌握机遇，最大限度地利用机遇，不仅只着眼于经济，而且要从科学文化上使落后地区迎头赶上。总之，只要多方努力，在一定时间之后，缓和不平衡，使差距得以调和是可以期待的。

6．国际化与区域化并存

由于通信的发达，交流的便捷（今天，地球上任何两个地方之间的交通，靠飞机和直升机，原则上都可在24小时之内完成），随着市场的国际化，经济的全球化，劳动力和人才培养也会逐步国际化，这当然会使高等教育在相当程度上国际化。但是，国际化并不意味着全世界都整齐划一，各国、各民族、各地区没有自己的特色。相反，世界将力求维持其多样性，保持五彩缤纷的局面。只有这样，人类才能不断进步。以前，不少人都曾说过，"21世纪将是东方文化的世纪"。我想，应该是随着我国经济的发展，国力的充实，科学文化的发达，中国的优秀传统文化将更多地为世界所认识、所接受，我国在世界文化宝库中所占的份额将更多，东西方文化的交融将更充分，从而使世界文化中的东西方各自发挥自己的优势，形成色彩斑斓、丰富繁荣的世界文化。因此，世界各地区的地域特色将充分发挥，并通过便捷的信息媒体在全世界传布发扬。在这点上我们要有充分信心，要努力发掘与培育我国经济、政治和文化上的特色和优势。另一方面，我们也将看到，随着经济全球化的发展，某些民族主义与国际政治势力干预经济的事例也将会滋长。所以，全球化并不会一帆风顺，而是充满矛盾的。

由于科学技术是第一生产力，从科学技术飞速发展出发预测的上述六点看来似乎是互相矛盾的趋势，实际上反映了人类社会发展的阶段：从被动地利用自然和适应自然过渡到积极主动地改造自然、使自然更好地为人类所利用，直到进一步使人与自然和谐共处，互相共荣。这也体现着人类对自然和自身社会的认识从蒙昧无知过渡到盲目自满，再发展到充分自信，从"必然王国"达到"自由王国"的和谐发展的程度。

二、发展两种态度，两种能力

上面所述的时代特征及各种因素就是我们赖以生存、发展，充分发挥自己的潜力，实现自我，为社会做出最大贡献的大背景、前提和条件。它们对21世纪的人才素质提出了新的要求，从而对我们的大学生学习发生重要影响。我们"求学"，要"学"的就是在这种大背景下去学会学习、生存、发展、与人共处，学会做人和做事的基本态度与能力，也可说是"素质"。我以为，这些素质最主要的是以下几个方面。

第一，要建立自主学习、不断学习、终身学习的态度。为了跟上迅速变更的时代，适应不断变动的职业和工作内容，人们必须不断学习，学习将是新世纪最重要的观念，不学习就意味着被淘汰。从这个意义上说，21世纪将是学习的世纪。由于技术的进步，社会必要劳动时间将不断减少，人们的工作时间将不断减少。多余的时间绝不能完全用于休闲，而更多地将用于学习，以适应新的工作岗位的需要，迎接一些新创造出来的职业内容。未来社会一个人能否自立，事业能否有成就，主要取决于是否有强烈的求知欲，渴望将"未知"变为"已知"，以及不断充实自己、完善自己、发展自己的愿望与动力。北大曾总结过一位很有成就的博士学位研究生的经验。他在电子材料研究方面取得了突出成绩，毕业一年多后就被一个研究所聘为研究员，此后又被几个国家聘为客座教授，请去讲学。这样的例子是较为稀少的。他的突出特点是对知识的不懈追求。为了获得一个问题的答案，他既可以几天不出门，"猫"在实验室里动手解决。他也会到处主动求师，寻找在某一领域具有很高造诣的专家以获取知识。新世纪人才首先要有这样的学习积极性，而且这种积极性要坚持终身，什么时候不学习了，生命也就终结了。

第二，要有独立获取知识、发展自己的能力。一个人光有强烈的求知欲望和积极性而没有相应的能力也无济于事。这种能力是建立在强烈、正确的学习态度和必要的宽阔、坚实的基础知识之上的。为此，还需要打好知识基础。科学技术无论多么迅速地发展，新知识、新技术总是从原有科学技术中产生发展起来的，掌握了基础，就建立了根底，就能不断自我发展。当然，什么是基础，是会随着时代变迁而有变化的，这是高等教育工作者需要不断追踪探索的。随着学科交叉、渗透和综合的趋势的发展，这种基础还应更多地包括一些相邻和交叉学科的知识。此外，这种能力还特别强调要建立正确的思维方法，包括逻辑、推演、分析、归纳、质疑、批判、反思等理性思维以及形象思维的能力，还要有善于运用学习与获取知识的工具，其中有本国语言文字、一两门外国语、数学与各类符号运作系统、计算机、多媒体以及各种信息与检索工具。在一定意义上说，一个人在竞争中能否取得成就将取决于其能否以最快的速度获取所需要的最全面、最先进的信息资料，以及准确运用处理与分析判断这些信息，并用以解决面临的各种问题。

第三，要学会做人。正确地对待自己，对待别人，对待社会，对待国家、民族乃至全人类，这里也包括对待自己的学科，对待自然，要能正确处理各种关系。说实话，所谓学习，就是一个人向他者学的过程。这他者包括他人的知识与经验（书本、信息资料都是间接的他者）和客观事物(通过亲身实践而习得)。为了建立一个能够合作共事的社会,首先要学会尊重人。现在不同学科的人往往互相看不起,甚至因为名词术语与"行话"不同而很难交流。这样,怎么能组织多学科会战攻关?要组织起来解决一个综合课题,各学科的人要彼此理解,这不仅要互相学些跨学科的知识,而且首先要学会互相尊重。所谓"三人行,必有我师焉",就是说人是各不相同、互有优缺点的。人总可以从他人那里学到点自己没有的东西以弥补不足,互相取长补短才能成全一件事。这也可看成是一种"跨文化交流"。不同个体之间互相交流的基本出发点就是要彼此尊重,这也是为人处世的一个基点,是一种社会责任感。一个人要做成一件事,其行为总要考虑对他人、对社会、对民族、对国家的后果和影响。一个搞科学技术的人,就应该了解本门科学技术既能给社会带来福祉,也可能造成危害,就要使其尽量做到趋利避害。如前面所说,对自然也是这样。正确处理人与人、人与社会、人与自然的关系,就是做人的基本态度。

第四,学会表达、交流和组织的能力。确立了做人的基本态度,要真正发挥个体的作用,在有组织的社会中做出积极贡献，还必须使别人了解自己，把别人组织在为完成共同事业的集体中发挥作用。这样，表达、沟通、交流、组织能力就十分重要。这也是过去我国教育中所不够重视的。这种能力也要建立在相当的知识基础之上，包括各种不同学科的知识，本国、外国语言文字，各类符号系统的运用知识，使用各种传播媒体的知识，以及对不同文化习俗的了解。表达、交流除了要相互尊重、理解外，还要掌握一些技巧，我们应当有意识地来培养、锻炼这种能力。

以上四方面概括起来可说是两种态度、两种能力，即积极学习和正确做人的态度，以及独立自主学习与表达交流的能力。我以为这是21世纪人才的重要素质。人只要会学习，就走遍世界都不怕了。这些素质包含了德与才的要求，而且还是培养创造力的基础，可是要取得它们却并不是很容易的。

我们在大学里学习，接受高等教育，不管读的是什么学位，上的是什么专业，都要自觉将培育这两种态度、两种能力作为自己的主要目标。实际上这就是要解决"学什么"和"怎样学"的问题。在此过程中应该怎样自觉地使自己达到这些人才素质的基本要求？我想有以下几点。

（1）上面这些素质包含了德和才两方面。因此学习过程也是一个"立德树人"、培养全面发展的人的过程，必须把知识学习与塑造人的全面素质结合起来。我们学某种专业、某门科学技术，就应当认清它对人类会带来什么样的福祉，同时，又可能造成什么样的危害。这样才会激发起对民族、人类和事业的高度责任心，树立对待专门事业与科学技术的正确态度。

（2）大学学习必须自主学习，学生是教学的中心，是学习的主人。学校只提供学习所需要的各种条件。大学里学生"求学"，就是要学会如何主动"学"，即学会自主学习。在社会科学技术一日千里的当下，就可以用这个爱好学习又善于学习的"不变"来应对迅速变动世界的"万变"。为此，首先要激发强烈的学习兴趣和动力。教师的首要任务也在于帮助学生建立学习的兴趣和动力，并引导学生根据自己的情况掌握正确的学习与思维方法。一位任课教师所教的具体知识反而是第二位的。不过我们应该清楚，学生是通过学习这些具体知识来学会如何激发学习兴趣和掌握学习方法的。所以，具体知识是"载体"，而建立学习态度和能力是"魂"。如果一位教师只向学生讲清了所教课程的知识内容，而不能激发学生的学习积极性，就不算成功。相反，如果教师虽常使学生上课听不懂，但若能激发学生对他的讲课内容感兴趣，能通过学生自己努力不仅弄懂了课程内容，还能激起对这门学科的进一步追求，这就是好教师。北大有几位这样的老师，讲课常有学生听不懂，但他们有魅力，能把学生吸引到这门课上来，通过学生自己钻研，把课程学得很好，学生毕业后还常常惦念他们。这样老师的教学也应该认为是成功的。

（3）一定要打好基础。尽管科学技术迅猛发展，新知识不断产生，老的知识会陈旧过时，但任何新知都来源于旧基础，掌握了坚实宽广的基础就等于掌握了科技发展的钥匙，就能应对迅速的变化。什么是基础？弄清它不是一件容易的事，需要有对学科发展有全面了解并能高瞻远瞩洞察其趋势的学者们共同研究才能解决。基础需要一定的广度，需要懂得相邻学科的知识。但是，"基础"却又是无底洞，人不能一辈子都在"打基础"。有人说，过于强调基础，就会产生"输在起点"的弊病。所以，我们只能在打好一定知识基础的条件下，在边干边学过程中去充实和发展自己。我不赞成为了扩展"基础",让学生去修一些比较浅显的"概论""介绍"性质的入门课。它只使学生知道一些有关名词术语,可以夸夸其谈,却不一定能了解这些学科的思想脉络与治学方法的精髓,不利于树立扎实的学风。北大地质系历史上曾培养出48位中国科学院院士,教学是非常成功的。据老地质学家们说,那时以李四光先生为代表的系主任,就是让学生去听数学系的数学课,物理系的物理课,跟化学系、生物系的学生去做实验,使他们扎扎实实掌握相关学科的基础与治学方法,为学生今后的开拓发展和适应不断更新的科学技术打好牢固的基础。基础还包括理工科学生要有一定的人文知识,人文社会科学学生要有一定的自然科学知识,这就是文化素质教育或通识教育的任务。

(4)高等教育是以"专业"为单位进行分科教育的,这不仅是因为对于多数大学本科生,他们毕业后要直接面临就业,进行必要的专业教育有助于使他们较早进入工作岗位,便于就业。特别是当下我国社会与企业的职业培训体系还相当薄弱,目前中国高等教育的培养目标还只能是

"培养高等专门人才"，需要进行一定的专业训练与职业培训。从另一方面说，尽管科技进步迅速，人们职业变化很快，但专业与职业的界线并未消失，不同界别的知识与技能结构差别很大，要使一个人真正掌握某一专业的核心知识与技能并不容易。所以分科教育有利于使学生掌握某一专业或职业的核心知识与技能要素。通过这种学习，他还能举一反三，理解普遍的学习与思维方法，从而有利于他今后的"改行"。但是专业不要分得过细过窄，专业划分不能过早；学校不能过分强调基础课程为专业服务而忽视其素质的培养。学生选择专业要根据自己的个性条件来行事。

（5）学生学习基础与专业课程的比例除了学校有个大致规定之外，要充分发挥学生的主动性，考虑学生的个体特性。像"博"与"专"这一对矛盾的解决，没有一个普适方案，只能通过发挥学生学习的积极性和主动学习去解决。为了解决今后专业工作的需要，学生要主动拓宽自己的学习领域。为了这样做，他们在学习时就要克服许多客观和主观的困难。学校不可能给每一位学生设计出一条通向成功的顺利之路，一个人要想取得异常的成就，就要以异常的毅力去克服常人难以克服的困难。创造性也是从发挥个性克服困难中培养出来的。学校组织教学应当给不同学生提供不同成长途径的可能性。例如，可以允许不同学生选择不同课程。甚至可以根据学生个体特点制订个性化的学习计划。但这绝不会是无障碍的，学校里的课程冲突就是一种限制，只有那些有顽强毅力的学生，才能克服困难取得学习的机会而获得成功。

（6）我们要坚定地相信，一切被自己所掌握的，能达到应用程度的知识都是需要经过自己的头脑反复思考和消化的，成为体系化的东西。它们不是通过教师"教会"的。深度思考在这里起着关键作用。"学而不思则罔"。我们绝不能认为教师所教，或教科书上所说的知识和科学规律都是天衣无缝、无懈可击的真理。相反，它们都要经过自己的思维和检验。有人调查指出，相比于美国顶尖大学的学生，我国大学生学习的普遍弱点在于深度思维不足。这反映了我国学生缺乏强劲的学习动力和主动性，当然也会严重影响人的创造力。当下信息渠道非常发达，我们每天都能接受到来自各种渠道的信息与知识。可是它们却都是"碎片化"或"快餐式"的，难以成为可被我们适当应用的系统知识。所以，对于从课程中所接收的知识，必须经过反复咀嚼、消化、检验，深入思考才能真正成为自己的东西。为了加强思维的深度，师生间和生生间经常进行讨论是很必要的。为了加强课堂上的师生互动，开设小班课十分有利。

（7）同样，一切能力都是通过自己认真的亲身实践才能取得。为此，学生不仅要积极投入习题、实验、实习、实训等教学计划中规定的实践环节训练，还要努力参与各种课外实践活动，包括学生社团、科技竞赛、文娱体育，以及社会调查、志愿者等社会实践活动。学校提供了一个学生得以展现才华，锻炼能力的大舞台，在这里，学生不仅可以学到课堂内学不到的知识，而更重要的是锤炼自己与人交流、沟通、合作、组织的能力。我们绝不能轻视这些课外活动。实际上，一所好大学，同学间互相切磋讨论和各种课外活动所给予的能力锻炼往往是远多于课堂内的。一所学校的整体环境给学生带来的影响是难以估计的。

（8）最后，管理也是培养学生素质的重要一环。学生应该充分尊重和遵守学校的各项管理规则。一般学校管理都强调"活"和"严"相结合。活就是要尊重个性、发展个性。只有这样才能发挥创造性，培养出杰出的人才。"活"也是管理民主化的体现。"严"则是要有统一的要求，规定学生必须服从学校纪律，要求认真对待作业练习，严禁弄虚作假、伪造数据、考试作弊、涂改成绩，以及在学校里进行非学习性的买卖活动和学生组织中不正当的拉票或"贿选"等行为。营造一种"文、雅、序、活"的校园好氛围是每一个学生的共同责任。在这样的优越环境中就能锻炼自己积极向上的意志，实现自我发展。

三、学会选择

下面讲两个稍有不同的问题。第一是要学会选择。一个人要能在社会上发挥自己最大的作用,为社会做出尽一己之力所能取得的最大贡献,就应该有所选择,不能随遇而安,碰到什么机会就干什么。

在影响命运的关键时刻,选择对于一个国家、民族、政党,都是生死攸关的。在半殖民地半封建社会的中国,无数先辈选择了革命的道路;在众多的"主义""学说"中,我们选择了马克思列宁主义,终于实现了中华民族的伟大复兴。在一个人的人生道路上,会有无数的岔路口,让你去选择。你选择得当,就是一条康庄大道,使你顺风顺水,取得应有的成就,成为一个人才。例如,杨振宁要是在美国一直学实验物理,就不可能取得后来诺贝尔奖的成就。所以哪怕"一念之差",关键时刻选择有误,就会处处碰壁,难得发展,甚至走上岔道,真会"一失足成千古恨"。无数汉奸和贪污腐败的人的下场就是这么造成的。难怪诗人李白要说:"行路难,多歧路!"正确选择真是不易啊。

首先,选择是否得当,也是一种重要能力。许多人认"命",觉得有的人"运气"好,得了机遇。其实,机遇对于许多人都是相同的,但有人抓住了,有人却白白地放过了。这里的关键在于在机遇出现的当口,是否具有恰当选择的能力。而且机遇往往是稍纵即逝的,必须当机立断,迅速抓住,稍有迟疑,就会错过。当下,社会上信息资源极端丰富,在纷繁复杂的信息海洋里,既有真正的机遇,也有不少是陷阱。在机遇与陷阱交织的网络社会里,在发展与囚禁的可能性并存的情况下,选择正确与否,就看个人的判断能力。要获得这样的能力并不容易,是要付出代价的。

所以,选择是需要学习的。它既是一种权利,一种自由,也是一种负担,一种需要通过努力而达成的能力。在笔者几十年前上学的时候,一切服从组织安排,个人是没有选择自由的,这很"省心","组织上"要你学什么,你就学什么;要你干什么,你就干什么。这样,个人的积极性和优势很难得到充分发挥,也难以发挥群体的创造能力和社会的活力。当下社会将选择的权利还给你了,你就得动脑筋,去学会正确选择的本领。由于选择对于实现人生意义与价值的重要性,当下许多学校都给予学生以多次多种选择的权利与机会,让学生在学校里就尝试学会选择的本事。这对学生是增加阅历和经验的宝贵机会,我们绝不能轻易放过。有的学生很不珍惜这些机会,在给予选择的当口,往往采取轻率的态度,或"从众""随大流",或"跟着感觉走",不经认真思考,就随便做出决定,这都是对自己不负责任的表现,是非常要不得的。

"选择"简单说来,就是给你以多种可取的对象或机会,在你的学习或事业路程上处于多路交叉或岔道口的时候,你选取哪一个对象或哪一条路。一条原则当然就是"择善而取""择善而从"。但什么是"善",有什么标准?

显然,选择既是给你的一种权利或自由,选择对象或即将走上的道路对你当然是有"好处"的,至少是有助于你成长和发展的。因此,你选择的第一条标准就要考虑价值观和人生观,你在选择中要考虑对自己的"好处",却绝不能损害别人、社会或国家的利益。就我们中国国民来说，就是要践行社会主义核心价值观规定的对个人的起码要求：爱国、敬业、诚信、友善。所以并不是所有"利好"的机会都能不择手段地使用。在学习上弄虚作假、投机取巧、伪造抄袭、谎报成绩、考试舞弊等行为绝不能作为一种"利好"的机遇使用。由这种"一念之差"所造成的恶果将是自讨苦吃。可惜目前愿做这种选择的学生还不是极少数！

其次，恰当选择的最重要条件是要做到"知己知彼"。所谓"知己知彼"起码要了解三方面的情况。第一，选择所要达到的目标，就上大学来说，就是追求最有利于充实自己、完善自己的发展目标。其中就有专业、学科方向、选修课程、导师、各种课外活动、社团组织，以及就业趋向等；甚至还有在学习过程中选择解决问题的方法、途径等。选择的目标不同，选择的方法与途径也就会有所不同。第二，要对选择对象有大体的全面认知，主要就是它们之间的性质、内涵、特点、优劣、发展趋势等方面的区别。这些也不是绝对的，而是要跟自己的目标、志趣和个人情况相匹配。这当然不简单，因为至少要对各个选择对象的情况有个大致的概念和比较靠谱的认识。第三，要对自己有清晰的认知。认识自己最不容易，因为"身在此山中"，有各种利益考虑和主观感觉遮掩了自己的视野，误导了自己的情绪。这种认知包括自己的优势和弱点，特长与缺陷，志趣、爱好与厌恶的习性等，其中还有自己所处的地位，有利和不利条件等因素。认识自我历来被认为是一件很难的事，要花很多功夫，锻炼自己的认知、分析、比较和判断能力，在不断试错的过程中逐步学会做事。通常易犯的错误一是自以为是，觉得自己什么都行，结果一事无成；二是自以为非，缺乏自信，低估了自己的能力，应该能够做到的事也放弃不干，成不了大事。

　　这里想就选择中的兴趣或志向问题做一点解释。兴趣或志向是一个人做成一件事的重要因素。一个人对没有兴趣或厌弃的事是肯定做不成的。所以兴趣或志向是做出选择的决定性要素。但是，一些学生对自己的兴趣把握不定，有的对什么都有兴趣，有的对什么都没有兴趣。例如，有人对所学学科，到底是否真有兴趣捉摸不定。有人认为兴趣是天生的，比如有人对数学感兴趣，有人爱好文学，有人爱好艺术，似乎是先天决定的。"基因决定论"

也许有点道理。不过，兴趣其实在相当程度上是后天造成的，而且兴趣本身就来自个人的不断投入、钻研。一门学问、一种技艺，只要肯下功夫认真钻研，得其门路，就会逐步产生兴趣，甚至沉浸于此而不舍不离。兴趣、专注，乃至达到狂热的程度，是一切科学发现的原动力。兴趣也是技艺上能实现精益求精的源泉。兴趣、钻研、创新，就是这样互为因果，互相促进的。所以，兴趣是可以培养出来的。在计划经济时代，一批科学工作者以服从国家需要为职志，做出了像"两弹一星"那样的杰出成就，靠的就是从强烈责任感中培养出来的浓厚兴趣。在当前的条件下，我们更应该根据个人情况努力培养出一种能使个人特长得以发挥，又大有利于国家实现"中国梦"的兴趣来！

兴趣是基础。从兴趣还可以滋长出一种不屈不挠的顽强意志来。任何事业要取得成功，总会遇到难以克服的困难。因此，对选定了的事，如果工作起来一遇到困难就放弃，或浅尝辄止，等于白选。所以，正确的选择还得辅以选择后的一系列努力。有人认为选择正确了就可以轻而易举，一举成功，这是不切实际的。选定了的路子走起来还会遇到风险，以为选对了就会风平浪静是空想。一个人的成长绝不可能一帆风顺,以坚强意志做好克服困难的准备是任何选择所必需的。

当今许多好的大学在教学管理上都给学生提供了多次多种的选择权利与机会,其中包含选择专业、转系转专业、选修课程、个人教学计划、灵活学制、免修取得学分、选择科研方向与导师,甚至给予制订个性化学习计划的权利。学生还可参与各种课外兴趣爱好活动、科研实践与竞赛、社团组织、社会实践等。它们都给学生以极大的自由,从而使自己得以展示才华、发扬优势。这些选择是否符合个人的志趣与特点,是否恰当,可以从实践中得到印证,并且可从再次选择中得到试错的锻炼。可以说,学校越好,给予学生的再选择的机遇与条件越丰富。我们应该珍惜这种宝贵机会,利用大学条件来锻炼自己选择的能力,以便到社会上能抓住机遇,做出最佳选择。

四、培养发现问题和提出问题的能力

在20世纪90年代前,各大学教学计划中对"培养目标"的叙述,多数都写着"培养分析问题和解决问题的能力",而鲜有"培养发现问题和提出问题能力"的提法。我曾在一次会上挖苦说,这种培养目标实际上是培养"仆从"的。因为"仆从"不需要"提出问题",甚至没有提出问题的"资格"。提出问题是主人的事,仆从则只要将主人提出的问题加以分析和解决,就算完成任务。在一定程度上,这似乎反映了计划经济时代人们的思维定式:提出问题是上级领导部门、组织的事,你只要解决他们提出来的问题就可以了,不需为提出任务而劳心伤神。

但是,发现问题和提出问题却是一切创新的前提。当下我国不仅为解决经济转型需要大力提倡创新,而且在社会、政治、文化、国防发展上,也必须不断创新,才能圆了建设伟大强国的梦。我们过去缺乏创新,在近代世界科学技术上的地位微不足道，与这种不鼓励大众发现和提出问题的思维定式不无关系。

前些年对中国大学生的学情调查表明，与美国顶尖大学的学生学习情况相比，中国学生的明显不足是课程学习的意义感不强，深度思考和课堂上师生互动不够。这说明中国学生一般不善于积极发现问题和提出问题，并已成为习惯。这既是一种态度，也是一个能力问题。这意味着，学生的学习主动性不足，对学习对象缺乏深入思考，因而提不出问题。问题是需要"挖掘"的，只有在深度思索之后才能发现问题，提出问题。对中国学生这里还有一个心理问题，怕问题提得比较幼稚、不恰当而遭人笑话、丢面子。"面子观念"也是妨碍中国学生提问题的一个重要因素。其实，所谓"求学问"，重要的就在于学"问"。李政道先生有一句名言："求学问，需学'问'，只学'答'，非学问。"所以，学习其实就是一个不断挖掘问题、解决问题的过程。这样的学习，才能学到真知识，掌握真学问。

所以，构建发现问题和提出问题的态度与能力也需要有个学习与培养的过程，需要有意识地自觉努力。这里，首先要能"发现"问题,其次还有个"勇于"和"善于"提出问题的问题。

提出问题的前提是发现问题,怎样发现问题?关键在于思考。我们中国人长期以来所形成的"读书"传统强调的是"知",实际上只是信息的获取与存储。基础教育为人诟病的"应试教育"所需要的也是"知",只要"知晓"了,就可以对考试应付自如。然而,光是"知",而不通其中的"道"和"理",就只能取得死知识,不可能灵活应用,解决各种实际问题。故孔子说:"学而不思则罔。"要将知识保持为"活知识",就要在思考上下功夫。这思考就是要对学习的概念、原理、理论、规律等下反复咀嚼、反刍、消化的功夫,使之能厘清来龙去脉、相互联系、因果关系、界限区别、适用范围等。这也就是通常所说的,要对学习对象能做分析、综合、推演、比较、验证等思索,做到由表及里、去粗取精、去伪存真、由此及彼等的透彻理解,从而使一本厚书越读越薄,掌握其实质与精华,还能举一反三。在此过程中,还要辅以相关的作业、练习与习题等。这样,就是将学习对象的内容基本弄懂,能够应用了。

在这过程中，你可能还会有模糊不清、不明白、不理解的地方，就会提出一些问题。这种问题是浅层次的，一般通过阅读参考资料、与周围同学讨论，就可以解决，达到"懂透"的程度。它们都是学习中的问题，有的问题还可以通过向教师答疑而得到解决。进一步的问题是学习对象本身存在的，这就要抱着不迷信、不唯书、不唯师、不唯上的态度，以质疑、反思、批判性思维的态度去思考所学的命题其本身是否完全符合实际，是否有逻辑上不通之处，是否需要做适当的修正或补充。这里自信是必要的。这样你就在一定程度上发现了问题。在经过周密思考以后，仍然得不到合理解释，你就可以提出问题。在此基础上还可提出解决此问题的某种假设，并细致地进行论证或求证。这样，学习本身就是一种研究。大学学习绝不能死读书，学习与研究是紧密结合的，学习就是研究。在科学发展的历史上，有些新问题就是在学生学习中，或是教师在学生的提问启发下提出来并加以解决的。

上文批评了单纯强调"认知"而不重视刨根究底的思考的学习态度和方式，因为这种做法只讲死记硬背、题海战术，它只有利于应付考试，对真正掌握科学真理极其不利。但在另一方面,我们也不能完全放弃必要的记忆。当下无线网络密布天下,一个人无论走到哪里,都可容易地获得所需的信息资料。人脑袋记忆似乎已是多余。"死记硬背"尤其成为落后于时代的笨功夫,不屑一顾。然而,我们要知道,"博闻强记"仍是一个人,特别是一位学者的重要本事。一个人头脑里记住了许多事,就可以时时反刍、回顾、思考。许多问题往往是在不经意的时候,在一定的场景触发下爆发出来的。所谓"灵感""顿悟"就是积累记忆、长期思索的结果。这也是科学发现的一种特有的场景。这种场景是只有脑子里装有大量信息的人才有的"专利"。同样,虽然"题海战术"该否定,但一定数量的习题、练习、作业也是必要的。"熟能生巧"仍然是发现问题的一个重要途径。不能想象,一个没有做过几百、上千道数学题的人可以成为数学家。所以我们在批评"死记硬背"和"题海战术"现象时,也不能顾此失彼,丢掉了应有的记忆和练习功夫。尤其是当下信息技术非常发达的时代,更不要忘了这一点。

发现了问题,还要勇于提出问题。上文说过中国人爱面子,往往害怕问题提得过于浅显,被人取笑:某某连这个简单的概念都不懂，丢脸！我们不提倡不经思考随便提问题。但是，经过思考觉得是问题的一定要大胆提出来，敢于提出来，让众人讨论，弄清楚了总比藏着掖着、一脑子糊涂要好。在这方面，我们一定要提倡包容精神，即允许大家在提问题中犯错误，即使问题提法不对，甚至荒唐，也不要取笑人家。杨振宁的导师，美国氢弹之父泰勒（Edward Teller），是一个杰出的科学家。他思想活跃，经常考虑问题，还常未经周密思考就大胆提出一些问题，让学生们去深想。可是学生们细致思考后发现他所提的问题，十个中有九个都是站不住脚的，是错的。杨振宁说，他不愧是一位大师，他提的十个问题中只要有一个是科学发展中的大问题，就非常了不起了，会对科学做出重大贡献。我们应该提倡这种包容精神，鼓励学生大胆提问题。我们绝不能被虚荣心和"面子"所拖累，丧失提问中可得到的实惠。更何况发展科学的必由之路就是"独立之精神，自由之思想"。我们真有所思、所想，就要敢于说出来。而且还要鼓励无拘束的争论，允许不同意见坦率地公开争辩，在争论中来辨明是非与正误。

最后还要说到要"善于"提出问题。就是说，问题要提得正确、恰当、及时。所谓"正确",就是抓住了科学发展中必须解决的问题,特别是能开拓一个方向、带动整个科学前进的前沿重大问题,而不是枝节的、鸡毛蒜皮、无足轻重的问题。当然,当今国家和社会在发展经济、政治、法制、国防和文化建设中的许多实际问题也属此类,并非只有基础科学研究中的重大问题才是"问题"。"恰当"是指科学已经为解决这个问题准备了必要条件,包括已有了大体成熟的理论、方法,以及必要的装备与设施。如果没有相关的条件,即使提出来问题也解决不了,就等于白提,就不算"科学"。两千多年前,屈原在《天问》中就提出来不少涉及自然的问题,但这只能是"天问",不算科学,因为当时根本无法解决这些问题。科学不是"万能"的,目前人类对宇宙和世界的认识还非常有限。提出超过现时科学认识极限的问题,如宇宙之外有什么,有几个宇宙等问题就是不恰当的。人们可以要求,并提出如何扩大科学认识极限的问题。为此,科学家们正在努力做出得以突破原来极限的新纪录。但如要除此之外再来提问,就只能是做猜测或依靠宗教信仰了。此外"恰当"还表示问题要提得有"独特性",不是"随大流",或所谓

"跟主流"。"主流"往往是一代科学家们所共同努力的方向。但由于人多势众，除非有超凡脱俗的独特见解和奇思妙想，要想取得特异业绩也颇为不易。所谓"及时"，就是问题提得恰到好处，正是时候。提早了，没有准备好必要条件，解决不了；提晚了，错过了良机，人家走在前面了。科学没有"第二"，只有"第一"。要做到这三条是很不简单的，要有很高学术水平，对科学技术的发展趋势和动态了如指掌。因此要求学生能善于提出问题常常是有困难的。但是，我们有必要让学生懂得，提出问题并不是简单易行的事，而是需要独立思考、别出心裁的。这使学生能在学习过程去琢磨探敲提出问题的诀窍，从而充实自己。

需要说明，这里所说的"问题"，在一定场景或语境下，也可以为"任务""工作""需求"，乃至"愿景"等词汇所取代。它们表达了类似但略有差异的意思。既然已经发现和提出了问题，分析问题和解决问题就比较不难了。你可以翻书报、查资料、做调研、访专家、找原理、求方案、造设备、钻技术、搞试验，总之，千头万绪，必有线索可寻；想方设法，总可以出奇招加以解决的。

除非是完全没有条件，一时无解。这就要怪问题提得不当了。所以发现和提出问题更重要，更本源。

　　以上就上大学"求学"的几个大方面做了一点原则说明。总的来说，"求学"就是要学会"学什么""怎样学"的问题。世界上的事，只要肯学、能学，就好办了，就是实现了成功的一半。但是，解决这两个问题的途径与方法都是因人而异的，没有千篇一律、一成不变的原则可以用来规范每个人的学习。因此，从根本上说，我们就是要在掌握一些大原则的基础上在自己的学习中去磨炼摸索属于自己的独特的学习途径与方法。这篇文章如果能点到一些基本原则，起到一点辅导作用，作者就感到非常满意了。

　　原文以《进入21世纪的中国高等教育追求什么样的教育质量》为题载《北京大学学报（哲学社会科学版）》1996年第6期；转载于《教学与教材研究》1996年第6期和《教育管理研究》1996年第4期等处，这里重新做了改写。

大学生能人人成才，追求卓越

——读《如何成为卓越的大学生》

一、有若遇故知

时间过得真快,我写《"教无定法",成为优秀大学教师有道可循》①一文,介绍美国教育家肯·贝恩教授的著作《如何成为卓越的大学教师》②,倏忽已近八年了。那时,我刚在几所高校做了一个题为"我心目中的好老师"的讲座。得到那本书时,"我高兴极了,心想要是能在一个多月前给我就好了,免得我煞费苦心去琢磨该怎样塑造一个大学好老师的形象,并且,演讲肯定会更为丰富真切了"。

近八年后,我又得到了肯·贝恩教授的另一本姐妹书——《如何成为卓越的大学生》③。我更是欣喜若狂,真

---

① 载《中国教育报》2007年11月29日第6版,收入拙著《湖边琐语》,北京大学出版社,2008。

② 〔美〕肯·贝恩. 如何成为卓越的大学教师 [M]. 明廷雄,彭汉良,译. 北京:北京大学出版社,2007.

③ 〔美〕肯·贝恩. 如何成为卓越的大学生 [M]. 孙晓云,郑芳芳,译. 北京:北京大学出版社,2015. 该书由北京大学校长林建华和第三军医大学校长罗长坤分别作序。

有点他乡遇故知的味道！原来半年前我曾给大学生做过一个《论自爱》的讲座。同一题目此后又在两所大学向大学生做过讲演，居然得到热烈欢迎。在这篇讲演里我将北京大学前身——京师大学堂的第一任总监督（相当于校长）张亨嘉就职典礼上对学生的八字训词"为国求学，努力自爱"做了全面解读，把"自爱"演绎为"自珍自重、自主自为、自律自省、自知自信和自由自我解放"五个层次，从而和高等教育的极致目标接上了轨。这也可说是我读英国教育家罗纳德·巴尼特的《高等教育理念》的一点心得。我的讲演穿插了一些故事，不时也引来一点笑声或掌声。但在讲后互动环节或个别咨询中，还会碰到一些问题。例如，"我虽然知道学习要打起精神，但我总打不起来，怎么办？""我对一些功课，明知其有用，却总很厌烦，我该怎样来处理？"其实，这些问题在我的讲演中都已涉及了，可是有的同学并没有真切领会。我想这主要是因为我只讲了一些道理，而没有很多生动的故事来引起他们注意。现在打开这本书，许多话似乎在我的讲演里也都讲到了，大量词汇、语句的类似使我读起来很亲切。但是更使我趣味盎然的是肯·贝恩依靠熟练的方法和技能，像在《如何成为卓越的大学教师》一书中那样，采访了起码有30位卓越的美国大学毕业生。他以他们一个个鲜活生命的流淌印迹阐释了他的观念、原则、理论和做法，从而使这些说理立刻灵动和丰满起来。这使我视这本书为知音，而且既是一本书，其内容就远比我的文章要丰富和深入多了（尽管我的文章也有近三万字）。而我们讨论的又是同一个问题：学生自己如何来实现大学教育的目标？

教学无疑是教育的主渠道。教学包含教与学两方面，但是，无论对哪一级学校，"学"都是主要方面。我曾说过：教学教学，有教有学，施教为学，所教是学，为教而学。就是说教学实质上就是关于"学"的问题。肯·贝恩教授先写了《如何成为卓越的大学教师》，再写一本《如何成为卓越的大学生》，这就把大学的教和学两方面都讲全了。根据以上这个观点，后一本书应该起到更为重要的作用，而且面对的是人数要多得多的群体。鉴于《如何成为卓越的大学教师》已在我国产生了广泛的影响，我想这本《如何成为卓越的大学生》将会引起更好的反响，从而对当下我国高等学校提高教学质量做出贡献。这里，我愿结合个人感受谈点读后心得与体会。

二、"卓越"不等于"名气"

现在全国各类高等学校共有大学生三千多万,这大概是世界各国人数最多的大学生群体了。大学生的心愿是什么?不言而喻,都想成才,成为成功人士、卓越人才。所谓卓越,或许可以当下中国常用的另一种说法拔尖创新来取代。但是,两者还是有区别的。顾名思义,拔尖的是少数人,而某方面卓越却可能是人人都做得到的。舆论上对这种人才大体可概括为:学术大师、诺贝尔奖获得者,政治领袖、国家领导人,企业大款、《财富》人物榜入选者,演艺或体育竞技翘楚,等等。总之,都是有名人物、领袖人物,跟着他们的有一大批徒众和"粉丝"。他们能闻达遐迩,甚至流芳百世。在当下我们中国人的心目中,卓越者就等同于有名的人。名气、名次、排名榜,成为各行各业人人紧盯的目标。于是,无论是关于人的还是物的,无论是业绩、成就还是性质、能力,都有定量指标,都可以打分统计,从而可确定名次,至于不同的人与物、不同的单位或机构,人们的社会贡献是否有"可比性"则在所不计了,因为"比分"毕竟是"排名"所绝对需要的。这样说穿了,人似乎只为名利、为面子而活着,可悲!

可是被肯·贝恩列为"卓越大学生"的近30位受访者中,却只有1986年诺贝尔化学奖得主达德利·赫希巴赫(Dudley Herschbach)、掌上电脑的发明者杰夫·霍金斯(Jeff Hawkins)和《哈利·波特》的作者罗琳(J. K. Rowling)等少数人大体可说得上是鼎鼎有名的人,有的虽也得过一些大奖,也算成功人士,但名气却不大。比如,一位检察官怀抱正义,执意将20世纪80年代美军在萨尔瓦多的一起屠杀事件写成剧本公之于众;同样,一位本科志愿者将一个沉淀15年的黑人杀人犯冤案平反并抓到了真凶;还有的人创造了城市农业;有的人发明了新的诊断方法。这些都被作者列为卓越的案例,因为他们都实现了自己独一无二的人生价值。他们坚信通过自己的努力,可以对他人和社会做出自己独特的贡献,实现自我价值。这就是成功,它并不取决于与人相比和排名,他们拒绝攀比,只跟自己竞争。人活在世上,每个人都是独一无二的,都是特定时段的特定个体，此时此地我所做的别人不能替代。这就隐含了独特的创造力，就能够表现出卓越。自觉尊重个性是创造力的源泉。作者认为，创造力的价值不仅在于有益社会，它更"有助于实现个人基本需要，能让生活过得更加丰富多彩，生气勃勃"。美国哲学家理查德·泰勒（Richard Taylor）认为：人类具有特殊智慧，唯有变得富有创造力时才能过上幸福生活。所以人人能够创新，人人也能够成为"卓越"！

大学生如何实现卓越？贝恩开了一张含有多种"药材"的良方，其中有：寻找内在的学习动力并进行深层次学习，认识自己并改善思维方式，悦纳失败并从失败中获益，批判性思维和理想探究，进行自我鼓励，接受通识教育保持好奇心，学会选择等。下面四节我将对一些主要观点和做法加以介绍与评述。这些当然是学生所要知道的。书中也有不少关于教师应该如何帮助学生成为卓越的论述和做法建议。我个人并不太看好那种脱离通识教育或专业教育课程、特意开设的创新教育课（如"创造力概论""科技创新方法论"等）的教学效果，认为创新精神主要靠情绪感染和熏陶，而不是用说教就能奏效的，而创新方法与能力则需要依靠学生亲身实践才能习得,也不能通过说理来掌握。不过,该书中多处提到的保罗·贝克(Paul Baker)教授所开的一门"能力整合"课的场景还是引起了我的兴趣。在这门周围都是舞台式的特殊教室中所开设的课中,贝克告诉学生:成长就是发现自我、认识自我以及发挥自己的潜能,"成长意味着挖掘大脑的无限活力";在人类历史上,从来没有一个人拥有和你一模一样的身体、人生经历以及一样的大脑,你就是独一无二的个体,要想充分释放大脑的活力必须首先认识自己以及自己的做事方式。我想,以这种开放方式开设一些交流互动讨论的创新课程,也许对促进学生成长很有好处,值得在我国试验。

三、大学教育是自我教育

　　我在《论自爱》一文中详细讲述了大学学习与中小学学习的原则区别：大学生基本上已是成年人，具有承担个人和社会责任的权利、义务和能力。大学学习是一种自觉自愿的个体选择，它不是义务教育，没有人强迫你去学。高校给你提供学习的条件和环境，你对这种条件和环境是否满意，可以选择，并提出适当的要求，让学校进行改进和完善。但是，你能否善待自己，充分享用学校所提供的设施和条件，你学得好不好，一切由你自己负责。这样，自己的前途和命运就掌握在自己手里，学校并没有义务给你确切保证，使你一定能够达到某种水平，取得理想前途。所以，一切依赖于自己的主动和努力。这样的思想也通篇贯彻在全书。比如，他提出要"自己掌控教育"，认为"在某种程度上成功就是来自自己掌控教育"。在谈到成功的根源时他说，"只有自己才能对自己的教育负责"，谈到通识教育时，作者进一步说：世界上没有人会鞭打你去接受如此广泛的教育，"你们自己对教育负责"，"要自己为自己教育做主"。所以在某种意义上说，大学教育就是"自我教育"。

为了实现这一点，首先必须认识教育的目的和意义。在贝恩看来，教育的目的在于培养一种正确的价值观和实现自己的人生价值。有了这种价值观，就能知道自身存在的意义和目标；去了解：我是谁？我为什么来到这个世界？我的角色是什么？从而形成强烈的正义感和同情心，培养出悲天悯人的胸怀和强烈的社会责任感。为了实现自己的人生价值和意义，就要充分发挥自己天赋的聪明才智，全面挖掘自己的潜能，并能使之在社会上施展这些才能。所有这些都成为学生们推进学业和取得事业成功的动力。

其次，要做到认识自我，发现自身独一无二的特性，我的行事风格和别人有什么不同，我有哪些长处和优势、缺点和不足，我该怎样发挥那些别人难以发挥的独特作用？正是具有这样的认识，一个人能够建立起自信和谦逊，明确自己该如何做出独特贡献；知道该怎样与人共处，向人学习，学些什么，从而找到自己的成长空间，充实自己、完善自己。这样，人就会不断激励自己，取得前进的动力，并能从容面对挫折，宽容失败，甚至拥抱失败，从失败中汲取教训而获益。同时，他还要了解历史，了解社会，知道"自己是历史偶然性的产物"，此时此地的我能够做些什么，这样他就能应对自如地在复杂多变的社会环境中，在特定的历史时段，发挥出特定的个体作用。

贝恩特别强调通识教育在上述两方面的作用。具备了这两种认识，大学生就可以恰当而充分地享用学校所提供的教学设施和活动空间，在允许选择的教学中，在课外活动中，在师生交流中，得心应手地吸取营养，通过自己努力，追求卓越。以上这些，以及下面要说的各种观念和做法，在书中都是既讲道理（并用丰富事例来说明），又通过受访大学毕业生生动鲜活的故事，呈现在读者面前，使人得到赏心悦目的心灵感受。

四、启动快乐学习的开关

当下中国大学生中不乏有人并不想追求"卓越",更无"成名"的奢望。他们只将上大学作为谋职挣钱的敲门砖,他们对学习提不起神来,或者只"跟着感觉走",胸无大志,得过且过,考试及格按时毕业足矣;而能得高分,更是心满意足了。他们没有信心在社会上找到自己合适的位置。对于他们,寻找激励,取得上进的驱动力是第一位的。如何做到这一点?除了认识教育的目的与意义和认识自我之外,该书也给出了一些珍贵的建议。

首先,要找到自己的兴趣所在。对自己感兴趣的东西要抓住不放,注入充沛的热情去进行钻研。在专注于学习中某些自己真正感兴趣的问题的时候,你就可以发现原来自己对一些事情还是有爱好的,能提出一点与众不同的看法,自己还是有点创造性活力的。这时,你就会建立起一些自信,确认自己的优势和独具的才能,从而大大激励自己的上进心。在此基础上，你就会逐渐认识到，对那些需要学习而一开始感到枯燥无味、学不会的东西，并不是因为自己的能力不够，而是"态度"问题；是因为自己没有钻进去，没有发现其中乐趣而抱着一种放弃态度的问题。这样，你就会采取"我现在还没有学会，我可以学会"的态度，从而建立了上进的起点。然而，这种动机是要真正出于"内在"需要的，而不是"外在"的——为了得高分或某种奖励等。否则，这种激励就会是短暂的，不能持久的；而且它们似乎不是真正为了自己，而是为了别人，比如，为了老师。兴趣还总是建立在对学习或工作的意义感之上的。就是说你要知道，你所学的、所做的对于自己、社会、国家和人类是重要的。这一切当然也是建立在对人生价值和社会责任感的体认基础之上的。

其次，是要享受学习过程中的愉悦和对生活的热情和陶醉。很多痴迷于科学创造的学者都将自己的工作看成是"玩"，"玩耍和学习之间存在某种联系"。作者在"贪图享乐的大脑"一节中说明，神经科学近年来的最大发现就是大脑是贪图享乐的。这就是说，大脑在思维、在探索、在工作、在遇到挑战的时候是非常兴奋的。它给人带来愉快和喜悦。这些人对思维与探索对象心怀敬畏与好奇，所以愉悦就体现在思维和工作的过程中，而不是在其结果中。我们在学习和创造性工作时，应该沉浸在专注的过程中，重新发现自己好奇的"童心"，用心地"玩"，在玩中学会享受兴奋和愉悦。

最后，要了解社会，知晓社会需求，同时淡漠社会的影响。只有了解社会及其需求，才能激发出强烈的社会责任感，将自己的兴趣、优势和长处与其对接，得以匹配，找到自己合适的所处位置。作者指出，社会心理学家的实验表明，一个人往往会受到社会负面成见的影响。比方说，当下中国社会上有一种比较普遍的舆论说：80后、90后的人"难管"，他们个性张扬，缺乏社会责任感，经受不住艰苦和压力。一些年轻人就会在这种负面舆论或偏见的影响下不自觉地自暴自弃，或不胜其烦，从而打击自己追求卓越的积极性。当然，正面影响也会有的。比如说他们"独立性强，敢想敢干"。我们也不能因这些赞誉而自负。总之，我们认识社会，又不为社会舆论所动，认识自我，有自信，不自傲，充分相信自己怀抱热情，能够承担责任，又能虚心向人学习。这样就会成就事业，达到卓越。

五、调适与管控自己的思维

大学生能否学习好，成就卓越，关键在于是否能进行正确思维。对于思维问题的阐释和讨论，以及典型事例的展演占据了该书的大部分篇幅。几年前，我国曾有过对中美两国顶尖大学学生学习状况的调查分析，它表明我国顶尖大学的一般课程教学质量并不差，但在学生对课程学习的意义感和深度思考两方面，我们还有较大差距。前者涉及上面说到的学习兴趣和动力，后者则关系到学习方法或思维问题。

贝恩认为，大学生学习思维方法有三种类型：浅层次学习、深层次学习和策略型学习。浅层次学习者善于死记硬背，他们关注的是能否通过考试，而不在于所学的内容及其应用。深层次学习者善于不断追问为什么，关注事物之间的联系，能将各种事实和知识"碎片"整合在一起，从而在自己的头脑里构建出一个"世界"的模型。他们阅读文本，思考其背后的含义及其应用；他们能发现不同的观点，区别其论证的根据与结论，并与之前学到的内容进行分析与比较。作者发现，卓越的大学生都是深层次学习者，他们的一个共性就是具有良好的心态：乐于探索未知，敢于迎接复杂任务的挑战。策略型学习者在大学里往往也是成绩优秀生。他们的学习目的却在于考试得高分，升学读研究生，得到父母的欢心与他人的赞扬。他们关注的是了解老师的想法，考题的类型和范围，以便在考试中轻松取胜。对他们说来，真正的学习、探究和思维的收获不过是意外或副产品。

  非常不幸的是，当下我们不少高校的现有教学所造就的恰恰不少都是这种浅层次或策略型学习者。特别是后者，虽然他们成绩优秀，却并未真正建构起属于自己的知识体系，并具有将其应用于实际的能力，因此在工作中他们很难实现开拓与创新。更有甚者，由于他们并不掌握自己所学的，所以他们也不能体会学习探究的乐趣，从而表现出对学习的抑郁与厌烦情绪。因此，要激发出对学习的浓厚兴趣，还非得有深层思考不可！

  贝恩通过一系列卓越大学生的学习实例揭示了大脑思

维的运作过程，说明大脑是如何对事实进行建构的。人们总是运用在头脑中业已形成的某些"范式"去理解新信息的输入，然而却会遇到期望落空，于是不得不改变理解方式，重新建构，实现顿悟或发现。这时，生活中就会出现惊喜了。思维就是在这样的矛盾中反复进行，充满乐趣。但是，大脑也会"偷懒"，会处于"无意识"或"不假思索"的状态。在这种情况下，人就会困守在旧范式或各种偏见之中，所以人需要学会调适和管控自己的思维，而思维方式是可以改变的。不过作者也指出，有些学生总表现为无能为力，认为自己不够聪明，从而放弃深入学习。对此他引用一位学生的话说："聪明的定义是，看你究竟有多努力。"这话与爱迪生的名言："天才不过是百分之一的灵感，再加上百分之九十九的汗水"，多么相似！

贝恩特别强调要从失败中学习。他引述一位学生的话说："失败让我更加了解自己，这是无法通过其他方式学到的。"他认为"人们对于成功和失败的归因方式对他们的成功和失败有着重要影响"。若能从中正确总结原因，就会成为学习的良机和动力。这就是杜威说的"从经验中学习"。最后，他总结了从对知识的肯定，经怀疑、反思到理性探究的常见的思维发展阶段，指出了批判性思维与反思性判断在创造性地解决复杂疑难的"非系统型"问题中的重要性；并引述了澳大利亚学者比格斯的说法，深层思考需要从宏观角度看待问题，区分论据，比较观点，解释原因，整合见解，推广应用，形成理论，检验假说。

六、选择是成败的决定因素

中国大学生中有人认为,成功人士能取得卓越业绩,是因为他们命好,碰到了好的机遇和运气。其实,在人生旅途中不乏出现好机遇,但是有人抓住了,有人却随意放过了。没有人能够对自己的一生做出确定的周密规划,但人生会走过许多十字路口,在那里能否适当抉择成为个人成败的决定性因素。

做到正确选择的最主要基础就是要了解自己,认定目标,坚持不懈。当然,选择要了解对象,以便知己知彼。该书就课程、阅读、复习、写作,以及是否可加入学生社团等学生关心的问题如何做出选择及其技巧阐述了一些作者个人的看法,值得我们借鉴与参考。我想贝恩所以要就此大做文章,首先是要说明学生具有教育的主动权。其中就课程及其教师的选择方面提出了15条标准或意见,包括:课程要能构建清晰可辨的问题和学生应掌握的能力,是否具有很高的富有意义的标准,是否能鼓励学生深层思考和提供实践能力的训练,是否能挑战现有思维模式,是否能促进学生的合作,是否能支持学生去解决重要问题和进行探究,能否整合信息,如此等等。在谈到阅读时,作者发现具有创造力和批判性思维的学生会采用多种方法,其中包括:有深刻动机并能提出该书的关键内容,能与其他学科建立起某种联系,能挑战自己的现有知识,能达到预期等,以及许多关于阅读的方法和技巧。他对"复习"的方法也发表了不少独到的见解。比如,要反复阐述,建立联系。他反对死记硬背,但强调记忆对于学习的重要性。这些都不外是创造性学习方法的重要选择。

这里,我想特别指出一点。贝恩在全书中多次提到这样的观念:如果你关注的是短期成功,或通过创造力而使自己名声大作,你就不可能取得成功,获得荣誉,也不可能真正具有创造力。他强调学习需要花时间,需要等待,不能急于求成。对一些学习内容所以一时学不会是因为还没有做好必要的准备,还不到功夫,功到自然成!这些对于今天我国大学生是很有意义的。当今中国社会充斥着投机取巧、急功近利的观念,追求"一夜成名"。上面说到的一些策略型学习者，其所以不肯做深层次思考，一个借口就是可以节省时间，提高学习效率。其目标不过是分数而已！这当然也是一种选择。如果我们都做这样的选择，做各种事情就不会去关心细节，而细节决定成败；学习就不会去注意夯实基础，而基础决定能否构筑巍峨的大厦。这样，我们就休想涌现大批创新者，更难以成为创新型国家！

要学生学会选择，我们的高校就要为学生建造选择的空间，在教学制度和培养方案中给学生以多次多种选择的机会与条件，包括专业、课程、导师和学制，以及实践环节等许多方面，都要允许并鼓励学生进行自主的选择。

当下市面上充斥着《如何成为成功人士》等"励志书"，它们颇引人眼球，但它们只教给人们去争名夺利、谋取功名利禄的方略、手段和诀窍。这本书与那些书籍不同，它是真正"使人成为人"的教育书，他告诉大学生如何得到全面发展，成为对社会有用的、能实现人生价值和意义的大写的人。

最后，我想用全书的结语来结束本文并与读者共享："只有当你学会去认识自己可能做出的独特贡献，并且培养出能够从他人创造当中获益的能力时，你才可能成长为一个充满好奇心、创造力以及批判精神的生气勃勃的独立个体。"

2015年6月25日于北京抱拙居

刊于哈尔滨工程大学《文化素质教育通讯》2015年第1期，大幅删节后以《卓越不是少数人的专利》为题刊登在《中国教育报》2015年11月9日"读书周刊"上。

北京大学出版社教育出版中心
部分重点图书

一、北大高等教育文库·大学之道丛书

大学的理念	[英]亨利·纽曼
德国古典大学观及其对中国的影响（第三版）	陈洪捷
哈佛通识教育红皮书	[美]哈佛委员会
哈佛，谁说了算	[美]理查德·布瑞德利
美国大学之魂（第二版）	[美]乔治·M.马斯登
大学理念重审：与纽曼对话	[美]雅罗斯拉夫·帕利坎
什么是博雅教育	[美]布鲁斯·金博尔
美国文理学院的兴衰——凯尼恩学院纪实	[美]P.E.克鲁格
营利性大学的崛起	[美]理查德·鲁克
学术部落及其领地：当代学术界生态揭秘（第二版）	[英]托尼·比彻等
大学如何应对市场化压力	[美]埃里克·古尔德
美国现代大学的崛起（第二版）	[美]劳伦斯·维赛
大学的逻辑（第三版）	张维迎
我的科大十年（续集）	孔宪铎
教育的终结——大学何以放弃了对人生意义的追求	[美]安东尼·克龙曼
知识社会中的大学	[美]杰勒德·德兰迪
高等教育理念	[美]罗纳德·巴尼特
美国大学时代的学术自由	[美]罗杰·盖格
高等教育何以为"高"——牛津导师制教学反思	[英]大卫·帕尔菲曼
美国高等教育通史	[美]亚瑟·科恩
现代大学及其图新	[英]谢尔顿·罗斯布莱特
印度理工学院的精英们	[印度]桑迪潘·德布
麻省理工学院如何追求卓越	[美]查尔斯·韦斯特
后现代大学来临	[英]安东尼·史密斯
	弗兰克·韦伯斯特
高等教育的未来	[美]弗兰克·纽曼

学术资本主义	[美]希拉·斯劳特等
美国公立大学的未来	[美]詹姆斯·杜德斯达等
21世纪的大学	[美]詹姆斯·杜德斯达
理性捍卫大学	眭依凡
美国高等教育质量认证与评估	[美]美国中部州高等教育委员会
大学之用（第五版）	[美]克拉克·克尔
废墟中的大学	[加拿大]比尔·雷丁斯
高等教育市场化的底线	[美]大卫·L.科伯
世界一流大学的管理之道	
——大学管理决策与高等教育研究	程星
美国的大学治理	[美]罗纳德·G.艾伦伯格

二、21世纪高校教师职业发展读本

教授是怎样炼成的	[美]唐纳德·吴尔夫
给大学新教员的建议（第二版）	[美]罗伯特·博伊斯
学术界的生存智慧（第二版）	[美]约翰·达利等
如何成为卓越的大学教师（第二版）	[美]肯·贝恩
给研究生导师的建议	[英]萨拉·德兰蒙特等
如何提高学生学习质量	[英]迈克尔·普洛瑟等

三、学术规范与研究方法丛书

如何成为优秀的研究生（英文影印版）	[美]戴尔·F.布鲁姆等
如何撰写与发表社会科学论文：国际刊物指南（第二版）	蔡今中
给研究生的学术建议	[英]戈登·鲁格
	玛丽安·彼得
社会科学研究的基本规则（第四版）	[英]朱迪思·贝尔
如何查找文献（第二版）	[英]莎莉·拉姆奇
如何写好科研项目申请书	[美]安德鲁·弗里德兰德
	卡罗尔·弗尔特
高等教育研究：进展与方法	[美]马尔科姆·泰特
教育研究方法（第六版）	[美]乔伊斯·P.高尔等
如何进行跨学科研究	[美]艾伦·瑞普克
社会科学研究方法100问	[美]尼尔·萨尔金德
如何利用互联网做研究	[爱尔兰]尼奥·欧·杜恰泰

如何成为学术论文写作高手	[美] 史蒂夫·华莱士
——针对华人作者的 18 周技能强化训练	
参加国际学术会议必须要做的那些事	[美] 史蒂夫·华莱士
——给华人作者的特别忠告	
做好社会研究的 10 个关键	[英] 马丁·丹斯考姆
法律实证研究方法（第二版）	白建军
传播学定性研究方法（第二版）	李琨
生命科学论文写作指南	[加拿大] 白青云
学位论文写作与学术规范	肖东发　李武

四、北大开放教育文丛

西方的四种文化	[美] 约翰·W. 奥马利
人文主义教育经典文选	[美] G. W. 凯林道夫
教育究竟是什么？——100 位思想家论教育	[英] 乔伊·帕尔默
教育：让人成为人——西方大思想家论人文和科学教育	杨自伍
我们教育制度的未来	[德] 尼采
透视澳大利亚教育	[澳] 耿华
道尔顿教育计划（修订本）	[美] 海伦·帕克赫斯特

五、科学元典丛书

天体运行论	[波兰] 哥白尼
关于托勒密和哥白尼两大世界体系的对话	[意] 伽利略
心血运动论	[英] 威廉·哈维
薛定谔讲演录	[奥地利] 薛定谔
自然哲学之数学原理	[英] 牛顿
牛顿光学	[英] 牛顿
惠更斯光论（附《惠更斯评传》）	[荷兰] 惠更斯
怀疑的化学家	[英] 波义耳
化学哲学新体系	[英] 道尔顿
控制论	[美] 维纳
海陆的起源	[德] 魏格纳
物种起源（增订版）	[英] 达尔文
热的解析理论	[法] 傅立叶
化学基础论	[法] 拉瓦锡

笛卡儿几何	[法]笛卡儿
狭义与广义相对论浅说	[美]爱因斯坦
人类在自然界的位置（全译本）	[英]赫胥黎
基因论	[美]摩尔根
进化论与伦理学（全译本）（附《天演论》）	[英]赫胥黎
从存在到演化	[比利时]普里戈金
地质学原理	[英]莱伊尔
人类的由来及性选择	[英]达尔文
希尔伯特几何基础	[俄]希尔伯特
人类和动物的表情	[英]达尔文
条件反射：动物高级神经活动	[俄]巴甫洛夫
电磁通论	[英]麦克斯韦
居里夫人文选	[法]玛丽·居里
计算机与人脑	[美]冯·诺伊曼
人有人的用处——控制论与社会	[美]维纳
李比希文选	[德]李比希
世界的和谐	[德]开普勒
遗传学经典文选	[奥地利]孟德尔等
德布罗意文选	[法]德布罗意
行为主义	[美]华生
人类与动物心理学讲义	[德]冯特
心理学原理	[美]詹姆斯
大脑两半球机能讲义	[俄]巴甫洛夫
相对论的意义	[美]爱因斯坦
关于两门新科学的对谈	[意大利]伽利略
玻尔讲演录	[丹麦]玻尔
动物和植物在家养下的变异	[英]达尔文
攀援植物的运动和习性	[英]达尔文
食虫植物	[英]达尔文
宇宙发展史概论	[德]康德
兰科植物的受精	[英]达尔文
星云世界	[美]哈勃
费米讲演录	[美]费米
宇宙体系	[英]牛顿

对称	[德]外尔
植物的运动本领	[英]达尔文
博弈论与经济行为（60周年纪念版）	[美]冯·诺伊曼 摩根斯坦
生命是什么（附《我的世界观》）	[奥地利]薛定谔
同种植物的不同花型	[英]达尔文
生命的奇迹	[德]海克尔

六、其他好书

苏格拉底之道：向史上最伟大的导师学习	[美]罗纳德·格罗斯
大学章程（精装本五卷七册）	张国有
未来的学校：变革的目标与路径	[英]路易斯·斯托尔等
教学的魅力：北大名师谈教学（第一辑）	郭九苓
科研道德：倡导负责行为	美国医学科学院、美国科学三院国家科研委员会
国立西南联合大学校史（修订版）	西南联合大学北京校友会
我读天下无字书（增订版）	丁学良
大学与学术	韩水法
科学的旅程（珍藏版）	[美]雷·斯潘根贝格 [美]黛安娜·莫泽
科学与中国（套装）	白春礼等
如何成为卓越的大学生	[美]肯·贝恩
世界上最美最美的图书馆	[法]博塞等
中国社会科学离科学有多远	乔晓春
道德机器：如何让机器人明辨是非	[美]瓦拉赫等
彩绘唐诗画谱	（明）黄凤池
彩绘宋词画谱	（明）汪氏
如何临摹历代名家山水画	刘松岩
芥子园画谱临摹技法	刘松岩
南画十六家技法详解	刘松岩
明清文人山水画小品临习步骤详解	刘松岩
西方博物学文化	刘华杰
物理学之美（彩图珍藏版）	杨建邺
杜威教育思想在中国	张斌贤 刘云杉